智 读 汇

连接更多书与书，书与人，人与人。

一课千经
基于萃取技术的课程开发

王兴权 陆九奇 著

中华工商联合出版社

图书在版编目（CIP）数据

一课千经：基于萃取技术的课程开发 / 王兴权，陆
九奇著 . — 北京：中华工商联合出版社，2021.8
ISBN 978-7-5158-3076-6

Ⅰ . ①一… Ⅱ . ①王… ②陆… Ⅲ . ①课程建设—研
究 Ⅳ . ① G423

中国版本图书馆 CIP 数据核字（2021）第 161331 号

一课千经：基于萃取技术的课程开发

作　　者：	王兴权　陆九奇
出 品 人：	李　梁
责任编辑：	付德华　关山美
装帧设计：	王桂花
责任审读：	于建廷
责任印制：	迈致红
出版发行：	中华工商联合出版社有限责任公司
印　　刷：	北京宝丰印刷有限公司
版　　次：	2021 年 10 月第 1 版
印　　次：	2021 年 10 月第 1 次印刷
开　　本：	710mm×1000mm　1/16
字　　数：	222 千字
印　　张：	17
书　　号：	ISBN 978-7-5158-3076-6
定　　价：	68.00 元

服务热线：010-58301130-0（前台）
销售热线：010-58301132（发行部）
　　　　　010-58302977（网络部）
　　　　　010-58302837（馆配部）
　　　　　010-58302813（团购部）
地址邮编：北京市西城区西环广场 A 座
　　　　　19-20 层，100044
http://www.chgslcbs.cn
投稿热线：010-58302907（总编室）
投稿邮箱：1621239583@qq.com

工商联版图书
版权所有　侵权必究

凡本社图书出现印装质量问题，
请与印务部联系。
联系电话：010-58302915

前　言

（本书使用说明）

亲爱的读者，感谢您选购本书，为了更好地使用本书，请您先阅读本书使用说明。

萃取技术是一个体系

企业最大的浪费是经验的浪费，"牛人"最大的浪费是经验的埋没，员工最大的浪费是重复犯错。

萃取技术是一个体系，我自从 2009 年开始研究，经过十多年的探索和实验，已经开发了萃取技术的理论体系（如图 1 所示）。

2018 年 1 月我发表了萃取技术的第一本书《萃取技术》，侧重萃取技术在组织经验萃取领域的应用；2020 年 3 月发表了萃取技术的第二本书《个人经验萃取技术》，侧重萃取技术在个人经验萃取领域的应用；2021 年 1 月发表了萃取技术的第三本书《访谈式萃取技术》，侧重萃取技术在萃取他人经验中的应用。未来还会推出《共创式萃取技术》《方法论萃取技术》《萃取师的工具箱》《萃取师的能力图谱》等图书，进一步建设萃取技术领域的方法论，推动萃取技术行业的发展。

本书，是萃取技术的第四本书，侧重萃取技术在课程开发中的应用。课程是组织经验萃取模型中的"呈现"篇的一种常见载体，与案例、手册、图书、微课并称为五大成果类型。

萃取技术体系

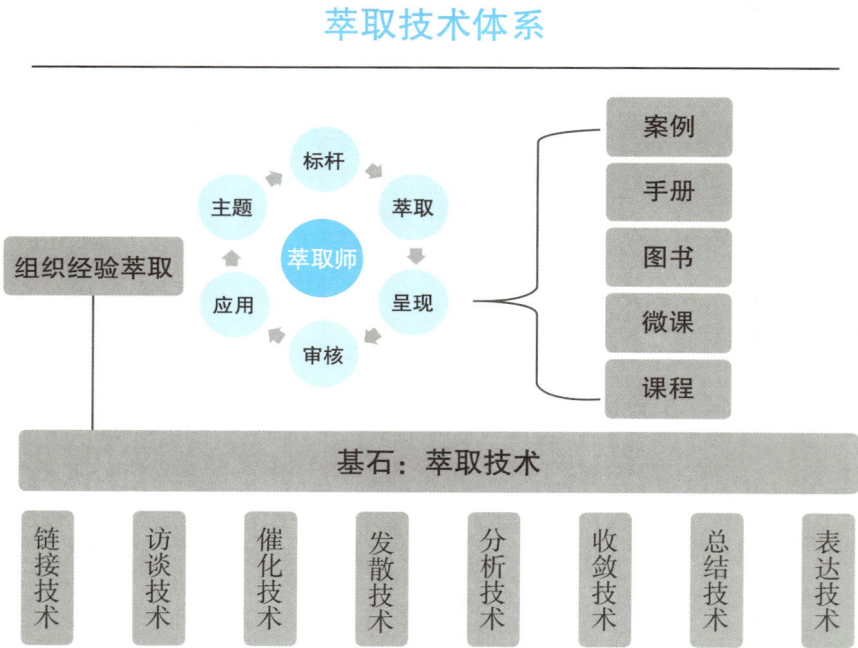

图 1　萃取技术体系

好"课"才能进行传"承"

我每年有两百多天的授课,其中"一课千经:经验萃取与课程开发"就能占三分之一,每次都是大班萃取,每班的学员人数在 30~40 人,每个人萃取一个课题,开发一个课程,交付一个课程包。

课程是载体,经验是内容,每一次萃取都是在为传承做准备,但只有好"课"才能让学员学完全"程",只有好"课"才能让组织愿意持续进行内部传"承"。东拼西凑、网络摘抄的课程在萃取现场就不能通过,更不符合组织进行课程开发的初衷。

好"课"是萃取出来的

课程是经验传承的"一对多"的内容载体,是面授时的展示材料,但课程的内容是需要萃取的,针对课题,明确需求,搭建结构,萃取内容,设计策略,美化形式,最终产出授课 PPT。然后再具体写授课话术产出讲师手册,精选内容做成学员手册,配套测试验收的考试题,最终组合成课程包。

课程内容的萃取是核心,从课程模型、课程结构、知识类内容、技能类内容、态度类内容、课程口诀、课程工具、课程话术等都属于经验类型,不同类型经验的萃取有所不同,内训师需要先学萃取方法,然后在萃取师的引导和辅导下产出成果。不会萃取的内训师,很难开发出好课程;不会萃取的内训师,很难产出好成果。

一课千经：萃取好"课"分十步

一课千经，一门好"课"，承载的"千"般经验，虽不是一蹴而就，但也有规可循，经过我多年的萃取实战，总结出了十个步骤。

第一章，价值。好"课"才能传"程"，本章主要讲的是课程的不可替代性，当前课程开发的三大难，理解好"课"能带给学员的四种体验，明确好"课"的五个特点。

第二章，目标。定位课程有目标，本章主要讲的是课题确定，理解"主题跑偏，全都推翻"，定位课程目标的"四定"：基于地图定信息、基于痛点定背景、基于学员定挑战、基于任务定目标。

第三章，结构。框架清晰有结构，本章主要讲的是课程结构的搭建，学会结构拆分的四种方式，领会课程结构的六种常见框架，明确三级大纲的拆分和呈现方式。

第四章，内容。萃取经验有干货，这一章是本书的核心，介绍了三种类型的经验如何萃取，五种知识类经验、八种技能类经验、五种态度类经验是课程的内容。

第五章，素材。多样素材有趣味，内容是干货，素材是水货，干湿结合方是最佳。基于内容匹配文字类素材、图片类素材、音视频素材，通过11种素材对内容进行补充。

第六章，道具。自制道具有惊喜，道具是课程呈现时的升华，本章介绍了借用道具和自制教具两部分，12种道具类型，一定可以给学员制造惊喜，让教学更轻松更容易完成。

第七章，组装。开场收官有课程，在结构、内容、素材、道具等完成的基础上，就可以组装课件了，补上开场和收官，添加单元导入和单元小结，一个内容成型的授课 PPT 就产出了。

第八章，设计。教学设计有策略，有课之后不能讲师自己"干"讲，还要加入小组讨论、案例研究、讲师示范、情景演练、学员展示等多样化的教学活动，让学习不枯燥，更容易接收。

第九章，课程包。系统教学有保证，授课 PPT 完成之后，为了让更多人可以传承经验，还需要开发讲师手册；为了让学员更好地学习，需要开发学员手册、考试题、教学素材库等辅助材料，最终合成一个完整的课程包。

第十章，磨课。不磨不活有迭代，没有一个课程是一次就成为精品课程的，都是在不断的打磨、迭代、优化中完成的，通过四种打磨方式，打磨课程的八点，持续优化形式，力争让每一次授课都有新的变化。

一课千经，好课都要承载各种好经验；一经千萃，每个内容都要历经多次迭代，这样才能开发出"课上人人爱""课后人人用"的好课。

期望每个读者都能学会如何做到"一课千经"，都可以开发代表自己才华的好课。

"一刻千金萃经验，一课千经传经验"，期待各位读者在练习中学习、在改进中提升。

王兴权（王萃取）

2021 年 1 月 15 日于北京

目录 Contents

第一章 | **chapter 1**

价值：好"课"才能传"程"

课程是企业传承经验的一种重要载体，它和案例、微课、手册并称企业经验传承的"四大呈现方式"。其中，面授的课程以学员多、覆盖广、内容全而著称，对深度传播企业经验极具价值，正所谓有"课"才能传承，好"课"才能学完全"程"。

面授就得有课程

课程化的经验常常不能自学，需有有专门的讲师进行讲授，组织相关的学员进行学习，才能取得真正有效的成果。课程化是一种不可取代的经验传承方式，其主要的体现为大班教学、组合训练、批量传承等。

课中学不能取代

在实际的课堂中学习，而不是依赖各种在线媒体进行学习，是一种不可取代的高质量学习方式。在今天，随着科技的进步，在线学习成为一种流行的学习方式。但我们必须清楚地知道：在线课程的手段虽然很多，看起来很丰富，但企业内的经验传承还是需要内部课程来实现。

在课中学对新员工培训、企业文化宣传、业务技能等方面是不可取代的。其主要原因在于，上述的课程只有在一个特定的"场景中"开展，才能将特定的文化和技能进行更有效地传递，尤其是在现场进行的及时训练和辅导，是难以在线上课程中实现的和有效监督的，其学习质量势必大打折扣，从而失去了培训的价值。

当然，从成本的角度去看，的确在线授课更低廉一点，而在线下讲授费用更高，且包括学员住宿、伙食、证书等支出在内，但我们必须综合去看问题。和网课相比，线下面授成本是稍高一点的，课堂容纳的人数也有限，且其组织过程是费心费力的。但是，线下面授的教学效果是更加理想的，教学方式是更加丰富多彩的，师生互动是更有深度的，作业质量是更有保障的！

有课未必能传承

实际上，大部分企业都意识到了课程的重要性，并在自己的企业大学、培训部门等进行着各种课程的开发和研究。这也是企业大学重点建设的一个方面。

但我们必须清楚一点：并不是有了课程就能传承经验，课程的质量、课程内容的来源、课程本身的定位等都决定着经验传承的最终效果。其中，如何开发课程是一个关键。

不少企业中的课程质量没法保障，是因为其课程开发中出现了所谓的"百度百家课"——课程开发者通过百度等搜索工具对网上文库内的资料做简单地整合，简单地复制他人的、与所在企业关联度极低的经验，而忽略了公司内自我的经验萃取，所借鉴的东西都是外部资料，其效果是没有保证的。

而常识告诉我们，不承载内部经验的课程，是根本不能起到传承内部最佳实践的作用的。所以，不承载内部实战经验的课程开发都是"耍流氓"。

组合训练用课程

面授课程的时间是更充分的，可以几天、十几天甚至一个月。这是在线课程中无法想象的，在线的讲解常以小时为单位，再长一点则难以被受众接受，且在线课程的互动难以实现，就更不要说安排训练和辅导进来。

　　而线下的课程时间更长，是因为可以打破单纯地讲授，让学员更好地融入课程中。课程可以针对培养人群进行系统和全方位的组合。在课程的教学手段上更是多样化，可以通过模拟统观、小组练习、个人练习、角色扮演、沙盘推演、案例分析等各种方式进行训练，每一个环节都可以融入一些教练的指导，以及部分的理论讲解。这种将理论和实践充分结合的方式，学起来更深入、更轻松、更有趣，其结果自然更有保障。

批量传承靠面授

　　面授课程一次可以培养几十人到上百人，可以起到批量传承文化和经验的效果，比如在以企业文化为主的新员工培训中，可以一次性集中学员，进而实现上述培训效果。虽然就经验萃取的课程来说，其人员数量需要有所控制，一般极限在数十人，但其效果是很有保障的，萃取的经验足以在后续的传承中触达公司全体，进而实现终极的培训目标。

　　表面上看来，在线授课的学员数量是不受限制的，甚至可以达到几万人、几十万人，但其效果随着人数的激增而快速下降，也是不争的事实。其原因就在于难以控制学员的理解力、掌握度，进而无法完成既定的教学目标。

　　切实地讲，面授以技能、技巧为主的课程，常常以集中 20 ～ 30 人做批量培养，而对达到上百人的新员工的培养，面授的综合效果有保障，同时对公司文化、凝聚力等有着天然的衍生效果，其培训质量是线上课程无法取代的。

　　综合以上几点，以面授课程为导向的课程开发，将更有效地实现培训效果，凸显培训力量，从而真正在传承经验上达到最佳效果，是企业大学、培训部门必须面对的工作课题。

课程开发三大难

企业内训的课程，其开发重点就在经验的萃取，将有效的经验以课程化的方式来实现。相反，没有携带经验的课程开发往往都是务虚地讲道理，空有一番道理而难以真正落地。所以，内训师在课程开发时，首先要解决的是"远、空、乏"三个障碍，还必须尽早突破。

远：离任务远，离技能提升远

课程的本质，是一个系统的解决方案，能提出真正的问题，并分析和解决问题，学员上课更是希望能解决实际问题，能有效提升自我的工作能力，而不是在工作任务、场景之外，去探究某些不切实际、不能应用的知识。即便这些知识是富有真理性的，但如果其立题环节不是基于工作问题，那么就会离实际比较远。

这种距离学员工作较远的课程，不管其开发投入怎样多的时间、精力，不管讲授是如何精彩，也是不能满足学员根本需求的课程，可以称之为"虚课"。对学员而言，这样的课程提出的问题是虚的，分析的过程是虚的，解决问题的效果是虚的，不能真正促进学员的能力，不足以打动学员、提升学员。

试问，对企业大学、培训部而言，开发这样的"虚课"，除了能体现其开发能力之外，又有什么切实的意义和价值呢？

空：内容理论，经验工具空

经典的好课，都是理论和实践的有效结合。其中的理论来自实践，且用于指导实践，能在实践中真正解决学员的各种工作问题。

但实际上，不少内训师没能掌握经验萃取的技术和方式，不能带领学员进行有效的经验萃取，只好生搬硬套一些常规的、现成的理论知识。其着眼点最终变成了从理论到理论、从概念到概念的系列推演，模仿"学院派"的一些做法，却因缺少学院派真正的研究能力，只好到互联网上去摘抄现成的东西，东搬西凑、生般硬凑，企图以碎片化的网络信息资源，构建一座系统的知识城堡。

须知，高超的裁缝是以量身定制为前提，给用户缝制衣裳的，绝不会用各种碎布完成一件得体的服装。优秀的课程开发者同样如此，他是以经验萃取为前提，去展开系统的萃取工作，进而完成一套系统的、真正解决问题的好课程。

而以通用的网络资源拼凑而成的课程，不要说其系统性的问题，其实用性更是差得离谱，常常是只顾理论，并以各种道理包装课程，可落地的工具、技巧少，这种课程可称为"空课"。

"空课"空有课程的名头，难以解决实际问题，这就是所谓的"空而不实"的道理。

乏：讲多练少，混学策略乏

好的课程不能没有理论，但其中的理论必须来自实践，又能回到实践中发挥其指导作用。但如果理论过多，而经验过少，带领学员练习的内容偏少，甚至没有，就常常导致授课的时候，讲师滔滔不绝，学员睡意绵绵。这样的课程可以称为"睡课"。

此外，在这种"睡课"当中，学员常常在学习"生"的理论和概念，讲师讲授常常从概念到概念、从理论到理论，缺乏导向实际、解决问题的特质。

我们常说：学习学习，既要学，也要习——即演练。没有经过演练的课程，缺少实际动手操作的课程，是难以给学员切身的体会、切实的指导的。同时，"睡课"的一大特点是教学策略单一，以讲师的讲解、发挥、援引为常态，师生之间的互动少、互动假、互动效果差。其实改变这一点并不难，那就是真正去萃取实际经验，再以教学策略返回课堂，模拟实际中的情况，将讲授、示范、演练、点评、修改等混合起来，彻底打破课堂上呼呼入睡的场景。

其实不管是上述的虚课、空课还是睡课，其根本性的缺点就在于不探究实际、拒绝进入实际的场景，是以虚假的方式消耗甚至浪费学员的时间，不能在根本上解决问题。这些都是我们在课程开发的过程中，要拿出基本的态度着力避免的。唯有如此，我们才能真正进入优秀课程开发的行列，开发出具有切实指导意义的课程。

打造"四有"课程

什么是好的课程？既然我们在课程开发中要拒绝虚课、空课和睡课，那么要开发怎样的课程呢？其实，好的课程能带给学员的是四种体验：学习有趣、内容有料、练习有法、落地有用。

学习有趣

学起来有趣味、有意思，能在其中领略实用的价值，这应该是课程内容的应有之义。为了实现这一点，我们需在两个方面着手，一是课程内容本身，二是课程讲解本身。

1. 课程内容的趣味性

课程内容的趣味性，体现在将一些理论和案例以通俗易懂的、有意思的方式呈现出来，尤其是其中的案例，以音频、视频、动图来展示，可以让学员轻松理解其中的知识要点，让学习更加快乐。

比如，在探究底层逻辑的时候，什么是底层逻辑？我曾在课程中以大家很熟悉的《潜伏》中的一个片段来推动理解，在派遣余则成（孙红雷饰）潜入天津之前，他曾和上级领导者有过一段交谈。

余则成问：如果出现重大危机怎么办？

领导干脆地说：安全为重。如果出现重大危机，可以立刻停止工作，进入到休眠状态，可以拒绝联络员的呼叫。如果安全受到严重威胁，可以立刻脱身。秘密战是一个依靠个人意志的工作，更多的时候你的领导就是你个人的信念，面对危急局面只有靠自己。在必要的时候你可以做一些坏事情，可以经营出一副反共的面孔。记住，在特殊的环境下面，什么都可以灵活应变，但是信仰绝不能变。

这样的一段话，就可算是上级领导交付给潜伏者余则成的底层逻辑。

有了这样的一段案例，并且是一段视频的案例，大家对底层逻辑就有了更清晰的认识，并且其认识、理解的过程是非常轻松的，这种以影视剧中的桥段来演绎课程的情况，是课程开发的一个常识。

当然，不只是视频中的桥段，有趣的音频，如客服面对用户时的有趣话术，以及大量有趣的动图等，只要可以融入课程的出题，都是可以出现在内容中的。这样就让你的课程变得轻松起来。

2. 课程讲解的趣味性

同样的课程，不同的人去讲，其过程是不一样的。一个有着丰富知识经验的老师，以生动趣味的话语来解读其中的内容，和一个照本宣科的老师机械地传递课程中的信息，其效果是截然不同的。

当然，我们并不是要求每个老师都以风趣的方式讲解整个课程，以严谨、认真的态度去解读内容是基本的要求，能将一些趣味融入课程中来，是更高级的要求。这就要我们的课程开发者，在讲解的过程中，逐步地去养成一种轻松的心态，至少让课程中的部分内容变得有趣一点，从而让自己的学员学得更轻松一点。

内容有料

和四处搜索，找各种碎片化的内容不同，真正的好课程都是"有料"的，所谓有料是说课程的内容有真正的经验、有真正的干货。如果只是将网络中流行的、普通的东西整理一番、拼凑一番，是不可能真正达到有料的课程效果的。

1. 有真实的经验和干货

其经验来自自身的工作实际，不是来自抄袭他人的作品，也不是来自别人的言谈，而是有着切身的体验在其中。这样的经验才能真正地给别人启发。

2018 年我给一个运营商的内训上经验萃取与课程开发的课程，课前通知时就明确说了不用课程的相关素材，都是现场萃取，一个学员还是用心地准备了素材，但在课程的内容萃取时他总是最后一个发作业到微信群，我发现这个问题之后，就跟他解释："萃取的是当下的最佳实践，这样的干货才是课程的核心内容，您不要受素材所限，能用则用，不能用跟着练习现场萃取是最快的，不但学了方法还可以产出原创独家的内容。"

所以，好的课程中必须有真实有效的经验，才可以真正地给人启示、帮助，才能真正地拓展学员的视野；课程中有务实的技巧和窍门，才能给学员意料之外的收获和收益啊！

2. 有过硬的思想和逻辑

如果说上述的经验是课程中的干货，是备受学员关注的非常实用的东西，那么在课程的内容中，也需有过硬的思想和逻辑，才能真正在内心深处让我们的学员服膺。

以"经验萃取与案例开发"这样的典型课程来说，其中蕴含的内在逻辑是：通过萃取技术帮助学员萃取自我的最佳经验，以典型案例和其承载的经验来指导大家去使用和借鉴，从而将他人的经验化为自己的能力，去提升"我的"工作效率。这样的逻辑本身就是清晰的，让人服气的，因为空喊向榜样学习是不行的，必须把工作中的榜样、标杆好的经验萃取出来，再进行传承。

练习有法

光说不练只是假把式，在课程中只说不练，是不能将真正的内容输入到学员心中的。根据金字塔学习理论的精华，单纯地讲授给学员，学员单纯地记录、记忆和理解，其效果留存只能达到5%，低得不能再低。

所以，我们必须在课程中设计有效的练习方法，让学员真正在课堂中动手操作、训练，当堂完成适量的作业，才能真正让知识点走进学员的心中，并被学员牢牢地掌握。

所以在学员演练环节，我们必须设计有可参考的示范案例，可以借鉴的方式方法，真正在课程的内容转化环节做足功课，以工具、模板、话术等可以直接复制的经验去完成训练，确保课程的综合效果。

举一个简单的例子。

让学员给自己的文章起一个可以快速传播的标题，如果我们只是强调标题的意义和价值，给出若干知识点，告诉学员标题必须具有信息量，有令人好奇的悬念等，这样不过是一种理论认识，学员认知的程度是有限的。所以，我们必须在课程中，罗列若干有效的起标题的具体方法，并给定时间，让学员在特定时间内完成，并形成课堂点评的效果，这样才能真正地实现"练习有法"。

而学员也在这种"练习有法"的课堂中，真正激发自己的思考，发挥出自己的创造性价值，能输出真正的内容来。

落地有用

课程好不好，全看落地怎么样。落地时悄无声息，没有效果的课程，其讲解的过程再精彩，也是没有意义的；只有落地有声、有用的课程，才是值得推广、学习的好课程，才能真正地用以指导我们的工作，提升我们的工作效率。

1. 直接解决问题

"有用"的第一表现，就是可以直接地用在工作中，比如技能培训的Photoshop课程，一旦学会，学生是可以直接修图、改图，甚至是设计美图的，这样的课程自然是有用的，它是技能类课程的一种；再如，"经验萃取和案例开发"，将其中的最佳实践得以呈现，一旦学习之后，可以将其中的经验、工作步骤等直接用在特定的场景中，这也是有用、有价值的课程。

2. 可以借鉴和迁移使用

工作中的场景是多种多样的，即使在一家公司内部，即使在一个特定的工作岗位，也不会只是单一的工作场景。所以，直接套用有些经验是不行的，必须在课程中学会其内在的工作思路、工作方法，使之能很好地给学员借鉴和迁移的空间，这样的课程也是好课程，因为可以延伸使用。

在案例开发的课程中，对技术类的示范案例，当然不能直接用于营销和产品类课程，但解决问题的内在思路可以是相通的，其工作的流程可以被借鉴、被迁移，比如以怎样的信念、态度去面对工作中的各种挑战？真正好的课程不仅可以直接使用，更主要的是给人一种醍醐灌顶、脑洞大开的感觉。

所以，真正好的课程必须符合上述的"四有原则"——有趣、有料、有法、有用，围绕着这四个指标去展开课程研发，你的课程势必会从好到更好，从善到至善，成为大受欢迎的精品课程。

好"课"才能传"程"

好"课"才能传"程"，一个能在内部广泛、持久传承的课程，一般具备五个特点。即"目标实、结构清、内容精、策略活、形式美"。其含义很简单，这就是目标务实、结构清晰、经验内容精华、教学策略灵活、版式内容美观。

目标实

在组织内部，目标的描述最容易被模糊的言辞所遮蔽，比如，通过这次的学习，我们对PPT有了进一步的了解。这样的目标描述是没有意义的，真正的目标是扎实的、实际的，不是虚的，更不是空的。

1. 描述要具体，可量化

课程是系统的解决方案，但在有限的培训时间里，能切实提升学员具体的知识和技巧，才是真正的课程目标。所以要避免目标的"实"而不空，首先其表达必须具体、可量化，比如对一门只需三个小时的课程来说，能让学员完成1~2个重要知识点就可以了，而不是从各个角度去罗列各种目标，从而形成一种表面看似精彩，实际华而不实的目标。

2. 课程目标不要贪多

不少人，尤其是首次开发课程的老师，可能会受到一种本能的"贪多"心理的影响，而将自己的课程目标罗列出十几条来，其实是不妥的。这样的目标看似很多，但真正能实现的又有几条？

针对一门优化 PPT 课件的仅有一个上午的课程，某老师罗列了如下的目标：

☑ 令学员精通 PPT 优化的各项原则

☑ 对 PPT 课程的开发有精深的理解

☑ 可以独立优化 PPT 课程的各要素

☑ 让自己的 PPT 从单一到多彩

☑ 为课程的形式注入独特的风格

☑ 用最佳的形式服务好课程内容

诸如上述，其实用意都是一个，就是让学员学会优化自己的 PPT，让 PPT 不再显得很"low"，而是变得"高大上"一点，说白了，不过是让 PPT 有一份简洁的形式美。

所以，我们在设定课程目标的时候，不要贪多求全，不要以形式上的多来满足自己的虚荣心，必须从课程本身出发，简练地、精确地撰写课程能达到的目标，从而让学员在学习之前便有一个清晰的认识，就可以。

结构清

课程结构是开发者内在逻辑的一种体现。一个在结构上不甚清晰的课程，其内在的逻辑势必是混乱不堪的，不仅讲师在讲解时容易陷入窘境，学员学起来更会一塌糊涂，不知讲师所云。

1. 清晰的结构体现在层次分明的目录中

一门课程的结构是否清晰，会在单元目录中有准确的体现。不管你课程的时长是多少，是几个小时还是几天，其目录构成必须符合人的认知逻辑。这种目录可以是并列地呈现多种问题，以便在课程中逐一攻克；也可以是纵向延伸的，体现出由浅入深、有问题到解决问题的内在思路。如此，清晰的逻辑就可以一目了然地出现在学员的眼前，没有丝毫的认知障碍。

2. 学会做减法，不要把课程当作一个大筐

即使课程是一个大筐，也是一个装特定内容的筐，而不是"啥都往里装"。不少人不明白这个道理，为了体现出课程的复杂性、知识的丰富性，而将和课程主题关联度不大的内容，也一股脑地装进去，其结果是灾难性的，这绝不是危言耸听。当课程结构让学员出现认知障碍的时候，内容的多便是一种灾难。而我们必须选择做减法，将必要的内容放入其中，并且有序地出现在目录中。

实际上，课程结构清晰明了，是非常便于学员记忆、使用和学习的，懂得研发课程的老师都知道：每一级的目录，都需符合一种特定的主题拆分方式，可以是分类，可以是流程，可以是问题，可以是技巧，但在特定的目录级别中，其拆分的思路必须清晰，不能以杂糅、混乱的姿态出现在目录中，而必须做到上下呼应，左右相关，一目了然。

内容精

好的课程是一份系统的经验和知识，体现的是经验和知识的精华。如果不能打磨出精品课程，就必须持续努力、坚持精进，去开发真正融合了精品内容的好课程。

1. 知识精华课

课程的本质，旨在传播、传授知识给学员，因此在侧重讲知识的课程中，必须集中输出、讲解系统的知识精华。

这是显而易见的道理，是开发课程的基本常识，决不能以检索到的资料堆砌成所谓的知识课，更不能大量集中他人（即便是专家、教授）的研究成果，部分资料的引用是可以的，但必须作为个人知识总结的一种支撑、一种佐证，其核心必须是自己总结的知识要点。在某种意义上，这种知识点既要来自个人的经验，也要有知识梳理、萃取的技术能力，才能开发出知识类的课程。

2. 技能精华课

技能课程是最受学员欢迎的课程种类，其内容必须是精品，以真正提高学员的工作能力为目标。职场人士是需要技能来完成工作的，因此技能课能以最直接的方式帮助工作，比如 PS、PR、Word 等日常工具类的课程，以及基于经验萃取的案例开发，其中有着非常典型的经验梳理，可以帮助员工在工作任务、工作项目中学习和积累真实有用的工作经验。

3. 态度精华课

价值观、企业文化等态度类的课程，对统一员工思想、达成共识，融入团队、加强沟通等有着切实的价值。这方面的课程不可务虚，其内容的精品要有各种案例的支持，有标杆、榜样的树立，这样才称得上是精品课程。

总的来看，好课就要有好内容，而好内容是精华经验的有序集中、精心设计，这样才能将真正携带知识、技能和态度的经验性课程传授给学员，令学员有一个真正的提高。相反，如果内容比较"水"，是开发者拼凑的网络内容，不仅是一种不负责任的表现，而且还将影响企业对员工在成长方面的投入，给这种内容不论是时间、精力还是金钱的投入，都是不值当的。

策略活

讲课的策略，不应该是单纯的知识点输出，传统的以"讲师为中心"，学员听讲、记录的方式，早已是一种落后的学习模式。真正的开发者必须精心设计教学策略，在传承过往讲授知识点的精彩程度的基础上，探讨出更多的灵活策略，以示范、案例、练习、演示、作业、点评、互动等多种教学策略，来将"死的知识点"激活，从而真正在课堂上让知识点经耳入心，转化成学员内心的知识，成为其行动的思路，以及工作中的指导。

由此可见，固守单一的讲授策略，不能真正地传授经验，不能真正地将知识点落实，我们必须在此基础上深入探究，以更灵活、更实际的教学策略去完成知识和经验的传输。

形式美

好的课程需以好内容来支撑，但同时也要认真考虑其形式的美。

课程是以 PPT 的方式呈现的，而 PPT 的呈现效果因其设计思路、设计理念的差异，而千差万别。而我们所赞赏的好课程，需将内容和形式有效结合起来，不仅内容精，也要形式美。

1. 课件的整体风格

课件的美是有风格的，这种风格需和主题密切结合。以常见的党政类课件来说，其常见风格是红色、红白等，因为红色象征着革命的火，即使在今天，也依旧传承这种风格。而使用如黑色、绿色等颜色，则与主题的关联度较低，即便设计得再好看，给人的感觉也是怪怪的。

对职场中的课程来说，无论是知识类、技能类还是态度类，我们并不排斥任何鲜活的色彩，但应根据其具体的主题来进行色彩的搭配，这是我们操作课程形式必会的一课。如，以蓝白来设计知识课程，是完全可以的；以黑白相间来设计技能类课程，也是完全可行的；以橙色来设计团队文化等态度类的课程，自然也是可以的。

2.PPT 中各元素的设计考量

除了主题风格的考虑，课件中的版式、动画、格式、字体、字号等都需要一番细致的思考，综合各元素以实现和谐统一的效果。

比如在一个 PPT 中，可以规定标题字号、正文字号、说明性文字等的字号大小，以及所使用的字体等。这一点会在后面的章节中细致展开讲述，这里仅强调其意义，以便开发者在思想意识中加以重视。

第二章 | **chapter 2**

目标：定位课程有目标

企业内课程的开发是有前提的，这个前提便是明确的定位，包括能基于学习地图来确定信息，基于需求痛点来定背景等，这一前提是可以用工具化的表格来完成的，进而产出一份课程定位表。该定位表的意义重大，是对整体课程的蓝图规划，能起到一种理论指导实践的作用。

基于地图定信息

　　课程是经验传承的一种载体，为什么要开发这门课程？要看岗位的学习地图，学习地图可以把这个岗位要做的任务、必须学习什么的内容规划好，也就是做顶层设计。所以，基于学习地图的课程开发，是从整体角度出发的，如果脱离岗位，则是零散和交叉的，我们经验萃取和课程开发，都会去一次两天班的关键岗位学习地图。

　　当然，如果地图开发完了，课程信息会体现在学习地图里。如果不是基于学习地图的，课程信息就需要重新思考。

授课对象

　　我们所开发的课程必须有明确的学习对象,称之为学员。不同性质的课程，其授课对象自然是不同的，比如营销类的课程是针对营销工作者，技术类的课程是针对技术工程师，且时常需要细分课程的主题，才能更好地匹配到学员身上，如针对银行大客户的营销课程等。有些岗位类课程甚至会聚焦到具体的人群，以工龄、司龄等进行划分，来界定学员群体，比如上岗一年的项目经理等。

　　不过，通用类课程的学员是可以扩大的，其授课对象可以是部门全员，甚至公司全员，如沟通类、学习方法类、态度认知类的课程等。

这里要注意的是：授课对象是在课程开发阶段就明确下来的，精准的学员群体可以让课程开发更有针对性。

课程时长

课程时长是一个综合考量，包括讲解知识点、学员练习、考试验收、课间休息等全部时间在内，而不是单纯的讲授时间。

企业当下的课程开发，比较多的是 1~3 小时的短课程，4~6 小时的中课程，6~8 小时的长课程。不同的课程时长承载着不同的内容量，这是基本常识。对优秀的研发者来说，可以将适量的知识点和学习时长匹配起来，从而实现更好的授课效果。

教学方式

课程的教学方式很多，要求我们以灵活的教学策略展开，比如开场策略可以结合具体人员灵活变通，收官策略同样可以调整，这仅是课程中的小小调整。而根据知识、技能和态度等设计的不同类型的课程，势必要进行教学策略的多种变化，我们在课程设计的开始就要想到这一点。进而对课程设计有一个基本的预估，最终则以实际产出的 PPT 为主，回头再进行微调。

比如在"经验萃取与案例开发"的课程中，针对个人式萃取和共创式萃取，就要对课程的结构上进行调整。前者，课程常常从个案开始，以个人对个案的回顾、梳理，展开对其中的经验性流程、要点、重点和难点进行撰写；而在共创式的萃取课程中，可以首先针对工作任务进行流程、要点等内容的萃取，最终再通过一个案例进行落实，进而去证明经验的可操作性。不仅如此，其中涉及的教学策略，也因个人学员和小组成员的不同场景，需要进行一些调整，灵活变通，但其内在的逻辑是不变的，因为对经验萃取这件事来说，其核心的技术不变，只是课程运行的方式有所不同。

最佳人数

线下课程的学习人数，应做适当的预估，以便达到最佳的学习效果，而不能无限地上升。要知道：在实体课堂中，随着人数的急剧增加，其整体的效果可能会有所下降，甚至快速下降，因为我们的课程是以"输入—输出"的方式来完成的，需要照顾到每个学员的实际情况，而不同于讲师的单向内容输出，一般来说，技能训练类的最佳人数在 10～30 人。这样可以很好地兼顾每一个学员的实情，真正提升他们的技能。

而文化和制度的宣传课程，需要学员倾听、学习的要点多，需要实际操作的要点少，其人数是可以增加一点的，但也不应该超过上百人。所以，每个课程要结合教学方式、教学难度等要素，来确定学习的最佳人数，确保学员能真正学会。

考核方式

没有有效的考核，不足以让学员真正掌握课程的知识点，不足以让学员真正将其要点落实在工作中，所以课程必须安排知识点测验和验收方式。其方法是围绕课程的核心内容，其目的是通关评级。

考核方式可以事先设定，如闭卷考试、测验、角色扮演等。但不管以怎样的方式展开，必须考虑其中的难度，既不要过难，也不要过于简单，需将难题、简单题综合起来，将考核结果差异化，真正实现考查的目的。

开发团队

客观地写出开发团队或个人的名字即可，如果是团队开发的课程，需标注课程的第一负责人，便于后续在迭代、更新等环节可以找到负责人。

开发团队中的成员，在标注姓名的基础上，也可以标注其职务或擅长的领域等，便于后续在迭代过程中有侧重地找到其人，从而增强课程的生命力。

基于痛点定背景

一个课程的诞生，绝不是空穴来风，需要我们从公司角度、学员角度等展开思考，自然需要满足公司要求，解决学员的工作痛点等问题。

公司要求

课程的开发虽然是落在某个团队、或某个个人身上，但其开发不是随意的，而是首先要考虑公司的需求，课程本身也属于公司的知识系统范畴，这一点是常识。那么，公司为什么要开发某些课程呢？可以从宏观和中观两个角度考虑问题。

一是基于某些宏观变化。如公司基于国家、社会、行业的宏观政策和背景的变化，从而需要开发某些课程，以提升公司在该领域的知识储备能力，提升特定员工的经验和技能，以应对上述变化。

二是中观层面的要求，是指集团总部这个层面的要求。集团总部总是要结合公司的战略目标、转型指标等提出开发某些课程，以适应市场的变化，比如在疫情期间，总部要求开发在线直播带货的课程；大型国企基于总公司加强公司执行力的要求，去开发执行力方面的课程等。

在课程开发的时候，我们应该对公司要求有一个明确的认识。

上司期望

对部门级的课程来说，其开发的初衷有着部门领导者的期待和要求，所以必须搞清这一点，才能开发出具有实用价值的课程。毕竟，部门领导者知道整个部门最需要的课程是什么，因此其领导者重视的课程，关注的重点须及时开发，及时使用，以提升整个部门的战斗力。

在课程开发的文案中，需写明领导者的初衷：从而使课程更好、更快地落地，成为部门里最具价值的精品课程。

学员痛点

课程开发最大的忌讳是"闭门开发"，而不顾及学员的痛点。毕竟学员是课程的学习者、使用者，说到底，好的课程才能真正满足学员的迫切需求，真正指导工作。所以，在课程开发之前，需有一个主题调研的过程，收集学员痛点信息，进行综合整理，给出优先序列。对那些学员急需的经验、工作中易错的问题，自然是要排在第一位进行课程研发。

搜集学员需求。痛点也是一门学问，可以通过不记名问卷的方式展开对学员真实需求的探索。唯有如此，才能在后期，即课程的使用、推广时真正被学员喜欢、接受，进而去提升其工作能力，真正地解决问题。

在上述的痛点挖掘过程中，有时需要结合"学员吐露"来展开，这时有必要召开学员需求动员会，邀请学员畅所欲言，敞开心扉，说出自己真正需要的技能、知识、经验等，从而有针对性地解决其真实需求。课程开发最怕的是：不能对接学员的真实需求，而开发出虚假的、主观臆断的某些"需求"，从而不能在根本上满足学员的真实需求。

比如，有些营销人员在组织营销材料的时候，很需要熟练的 PS 技能。虽然目前网络上有些平台，早已开发出"傻瓜式"的图文设计模板，可以部分地满足有些营销资料的设计工作，但不少从业者还是希望有时间学习一些专业的设计方法，不仅仅是掌握 PS 的功能，更需要提升设计理念，拓展设计的思路，从而在更高层次上超越竞争对手。这时，我们可以从两个方面着手课程的开发，一方面是针对 PS 技能本身的快速应用，开发针对零基础的营销人员的 PS 课程；另一方面可以将国内甚至国际目前流行的、先进的设计理念，引入到课程开发中，从而再解决上述问题。

总之，我们要善于结合公司需求、领导要求、学员痛点等方面思考课程的研发，而不能仅仅依靠自己的感觉等来展开课程开发工作，只有在综合考虑上述要点的基础上，着手课程主题的设计，以及进入到课程设计的实操阶段，才能让你的课程趋于精品化、实用化，才能真正发挥课程的价值，体现出培训的意义。

基于学员定挑战

学员自身的知识背景、工作背景、学习意愿等，也是我们在开发课程时需认真考虑的要点，简言之，我们要基于学员定挑战。

学员情况

对课程开发者来说，我们对学员的基本情况了解得越具体、越深入，越能在设置课程内容、教学策略等方面有更强的针对性，才能更好地对接学员的心理认知，去提升其能力。

学员的情况要素是不少的，主要包括了其年龄分布、思想认识、性别比例、教育水平等。比如在一门针对PPT操作的课程，其学员的情况表现如表2-1所示。

针对上述情况，课程的开发需考虑课程的基础性，必须在课程中解决大家的兴趣问题，以及教会大家基础操作，从而激发大家养成在工作中去使用PPT的习惯，让大家看到工具的使用对我们日常工作的各种好处等，而绝不是PPT的高阶使用、过于技巧化的课程内容。

表 2-1　PPT 课程学员情况表

年龄	学员年在大多 40 岁以上，对于 PPT 操作比较陌生
性别	女性学员多，占 70% 以上
学历	学员高中学历占 50%，大专学历在 30%，本科学历在 20%
能力	学员普遍对 PPT 操作较少，工作中用得不多，处于初级
特点	学员普遍不愿意操作 PPT，但学习意愿强，配合度很高，需要设置标杆让大家对比学习

学习意愿

学习意愿的程度，常常对学习效果产生不可估量的影响。对学习意愿高的群体，可以适当增加学习的深度；而对学习意愿较低的群体，需适当降低其学习难度，确保其在课程中有收获感，能学到一些真实的知识、方法和技巧，以用在工作中。

此外，学员的配合度、认真程度、完成作业的意愿等，也是可以在调查中得到一定线索的，加上课程本身的意义、价值以及学习难度等，都需根据上述因素做一点综合考量。如果明知学员的配合度不高、学习意愿不强烈等，仍强硬地输出信息量超大、内容很有难度的课程，其失败的概率自然很大。

这时，我们就要充分考虑授课的策略，以及知识点的讲解程度，并将激发学员的学习热情等充分融入课程开发中，而不能一味地依照课程本身的难度、容量等展开，适度的保留常常是必要的，以保障基本的学习效果。

学习意愿的程度，常常决定了课程中态度类经验的多寡，这是显而易见的。

知识水平

我们的学员有着怎样的知识水平？这是一个值得思考的问题，并且值得深入和细致的考虑。一方面要考虑其知识水平的高下问题，另一方面则是其知识水平的背景问题。

1. 学员知识水平的高下问题

有些群体的知识水平很高，比如本科以上的群体，那么他们本身的经验、知识能力等较高，在课程设计和讲授的时候，需适当地加大深度，进而和他们的学习力相匹配。

同样的道理，如果学员们的知识水平不算高，大都低于专科以下的水平，那么我们在课程设计和讲授时，就要适当地降低学习难度，才能更好地对接他们的知识水平，进而更好地提升他们。

文化程度、学历是其中的一个重要指标，但并非唯一的指标，我们尤其要在课程讲授之前，跟组织者有一定的沟通，了解学员群体的学习力程度，以更好地认识我们所面对的群体，便于及时在讲授中调整我们的思路、难度等。

2. 学员知识水平的背景问题

这也是值得细致思考的问题，尤其是文科生和理科生的思维差异问题，这种差异在课堂上是非常显著的。文科生和长年从事营销、产品、管理等工作的人接触，常常在性格方面可能更活泼，课堂的氛围更热烈一点，所以设计必要的激励很有效，比如以小组为单位进行的对抗比赛性质的授课，能更好地激发该群体的学习热情。

相反，如果我们面对的是理工类知识背景的学员，他们的性格更内敛，一般来说课堂容易陷入沉闷，如果不了解这种情况很容易让培训师陷入一时的被动，错以为并不很热烈的课堂将面临授课失败的风险。当然，如一味地采用常用的激励策略并加码实施，便觉得能减少课程失败的风险，其实是错误的。

理工类知识背景的学员，其思考问题更谨慎、周全，思考问题的速度常常并不快，对常见的激励手段并不敏感，所以我们要耐心地等待他们的思考结果，给予适当的输出容量，尤其对内容质量的重视大于输出的数量，就可以确保课堂讲授的成功。

总之，了解目标学员本身的知识背景和程度，同时了解他们对该课程的认知程度是有一定的认识基础，还是一切从零开始，都对课程设计和讲授的成败有着不可估量的影响，也决定着我们在课程中融入多少的知识量。

技能情况

和上述对学员知识背景的认识相类似，我们对学员自身的技能程度，也最好有一个清晰的认识。通过组织方可以知道，学员的基本工作技能掌握程度是完全的零基础、不熟悉还是比较精通和擅长？这些程度决定了我们在课程中设计多少的技能知识，以及设计多少的技能练习。这里不再赘述。

授课挑战

授课是有挑战性的，是说我们在授课中会遇到的几个重要的障碍，必须事先了解清楚。比如一堂实操性极强的课程，对授课时知识点的讲授、讲师的演示、给出的案例等有着更高的要求，以便学员能在最短的时间内学会，并充分运用、操练起来。

再比如，课堂上的学员认知水平不一，对课程接受的程度有待检验。为了让整个课程的效果有切实的保障，需要我们在课堂中灵活调整授课策略，既要对其中高认知的学员有深入的策略，也要照顾认知相对低的学员的情绪、能力。如果我们对其中不爱听课、认知水平较差的学员选择放弃，只想针对其中的高认知学员，那么课程失败的概率很高，甚至在你这样想的时候，就可能面临失败的风险了。

总之，了解学员是一门功课，是一门需要花费心思细致考量的功课，唯有将课程和学员的情况进行对接，才能明确我们在课程中的各种挑战，继而从容应对迎接挑战。

基于任务定目标

　　课程目标的设置一般分为三种：任务目标、课程目标和课后目标。我们设计课程，要基于公司的期望去完成任务目标，设置切实可行的课程目标，布置容易完成的课后目标。

任务目标

　　任务目标是待开发课程对应的目标学员所要完成的任务。公司和上司在执行任务时有哪些好的表现，质量上有什么明确的提升，在工作业绩上完成得怎么样？要注意的是：如果一个课程对应多个工作任务，就选择最终的工作任务写任务目标就可以。

　　任务目标是组织层面所关心的，毕竟学以致用是目的，学习课程是过程，完成任务是结果。任务目标的明确与否，决定了评审时的通过难度。

课程目标

　　顾名思义，课程目标是针对课程本身可以实现、可以达成的目标。

　　比如：

在一门关于 PPT 的课程中，开发者设定要实现的目标。

1. 能将自己的汇报重点有逻辑地体现在 PPT 当中。

2. 能有效地提升自己 PPT 的美观度。

3. 能知道如何检索模板，下载高清图片等。

这几个目标的设定，是完全可以实现的，符合我们的"课程目标"的核心原则——要可实现。

同时，一般做到一个单元能实现一个目标即可，如一个课程有三个单元，建议写三个具体目标就可以。而根据我们的经验，一个时长大约有半天（3 小时内）的课程目标设定在 2~3 个是可行的，且是在课程现场就可以实现的，也就是说在课程结束时就可以达到的。

此外，课程目标的撰写要注意：知识类、态度类和技能类运用的词语有所不同，但一般不用"了解、掌握、熟悉、学会"等词汇来表达，这些词汇的特点是比较务虚，缺少实际的明确的动作性指令，在传递目标信息时容易给人造成一种模糊的感觉。

课后目标

课堂中有目标，并且可以当堂实现，那么在课后呢？自然也需要进行一些巩固性的措施，树立一些课后行动目标。同样，课后目标也必须可实现，而不是有意刁难学员，造成其难以完成。

实际上，课程结束后，学员的学习热情可能会随着课程结束而有所降低，但其对技能、知识和态度等课程的热情，至少可以保持一周以上。我们必须充分利用这段"黄金周"，将一些可实现的学习目标，以练习、作业的方式来展开，也可以结合网络方式进行监督、指导。

同时，课后作业的难度可适当降低，围绕"操作性强"的思路展开，以实现对课程内容的良好巩固。课后目标需以学员独立完成为要点，即使课堂上是以小组共创完成，但是课后该小组也随之解散，学员恢复到独立个体的状态，因此其作业独立完成更好。

第三章 | **chapter 3**

结构：框架清晰有结构

好的课程都有好的结构。清晰明了的课程结构，符合人认知的内在逻辑，便于课上讲解和学习，融会贯通，更便于记忆和传承。在这一章里，我们既要掌握四种拆分结构的方式，也要学会应用六种常见的课程结构，进而有能力产出三级目录的思维导图式、表格式等课程大纲。

拆分方式

所谓拆分方式，是针对一个特定的主题，进行拆分的展开过程，从而实现从一级目录到三级目录的深入展开，以体现课程的系统性。

目录的拆分方式很重要，一般可按照以下四种——分类、流程、技巧、问题拆分。应当说，这是符合逻辑的拆分方法，只要是"上拆下"都可以使用，是万能的拆分方式。而具体到某一课程，我们使用上述四种中的哪一种，需灵活选择，综合考量。

按照分类拆分

世上的一切事物都可以进行分类，并且可以按照不同的角度进行分类。比如人，最常见的分类是男人和女人，又可以从年龄的角度分作婴幼儿、青少年、中老年等；从国籍划分又有中国人、俄罗斯人、美国人等。再如常见的手机，按照品牌可以进行分类，按照价格、尺寸等也可以进行分类。只要其分类的角度有意义、有价值，对我们认识事物是必要的，就可以进行一定程度的分类。

在课程开发的过程中，以某种角度，如特征、指标、群体等进行拆分，就可以将大的主题拆分成不同的类别情况，进而将主题具体化，体现出丰富的维度。比如介绍"萃取技术"，其常见的分类有个人式萃取、共创式萃取、访谈式萃取，再如"标题的写法"，从分类的角度可以拆分成提问式标题、解释式标题、断言式标题、成语式标题等。

在按分类拆分主题的时候，我们要注意以下两点：

1. 分类的角度要统一，其拆分结果需在一个角度下完成

如上述将人分成男人和女人，是从性别的角度进行划分，而将人分成男人、女人和老年人则是错误的。分类角度一致才能形成逻辑清晰的结果。

2. 注意拆分的数量问题

课程处理的是常见的、主要的情况，而不是学术研究中的穷尽其分类。如上述的将标题的种类进行的分类，只是列出了常见类别，如要穷尽其结果是难以想象、无法做到的，所以主题拆分的数量可控制在 3 ~ 7 个，便于学员学习、运用。

按照流程拆分

流程，是我们在工作中经常说的一个术语，它说的是由多个业务步骤构成的一个完整的业务过程。这是针对一件工作、一个项目、一个事件等进行拆分的常见方式，可以看出各个步骤的具体内涵，以及步骤间的连续性，从而让学员整体地把握工作流程。

按照流程拆分有如下的几点需要注意：

1. 拆分步骤时以重点步骤、重点环节展开

重点步骤或环节，是确保整个流程得以成立、工作得以完成的关键性步骤，而其中的一些细小的、次要的步骤，在关键步骤之外进行一个提醒就可以，没有必要独立出来。

2. 各个独立的步骤需具有排他性，不能与上下步骤做简单的合并

有些开发者将两个可以独立的步骤做了简单粗暴地合并，以"和、与、并、及"等词语相连接，导致其步骤体现的不是一层含义，而是两层以上的含义，这样的步骤不是独立排他的，其层次容易凌乱不堪，让学员产生复杂的认知，不利于其步骤的真正落地。

3. 对流程进行拆分的步骤数量，最好有所控制

一件工作、一个任务的步骤化，课程开发者不仅是要考虑学员对其内在规律的把握，同时也要考虑课程的传播效果，如果步骤数量过多，达到了几十个之多，是不利于学员把握的。从实践情况看，能将流程的步骤控制在 3 ~ 7 个是最为恰当的，在特殊情况下可适当增加，但以不超于 10 步为宜。当然，也要确保其步骤是健全而不缺失的，步骤连接的结果是一个工作闭环。

比如，我们在点赞他人时，可以采用步骤化操作：（1）找到亮点；（2）真诚赞美；（3）行为点赞。

在上述三个步骤中，彼此不能替换，否则在逻辑上会有问题；同时三个步骤的合一，是一个完整的"赞美他人"的闭环，可以真正起效。

按照技巧拆分

技巧是我们在工作中特别在意的东西，凡事有了技巧的支持，可以起到事半功倍的效果。而对经验丰富的人来说，正所谓"孰能生巧"，他在多年的工作中一定积累了大量的技巧。所以，在研发课程、分解主题的时候，是可以通过技巧来拆分的。

先看一个简单的例子。

对"PPT图表使用"这个主题进行拆分，可以从以下几个技巧展开。

（1）图表使用要准；（2）信息取舍要狠；（3）美化升级要稳。

这样一来，一个主题便以"技巧"的细分而呈现出来了，后续可以对每一个技巧进行一番解释。而在课程化的过程中，可以结合上面已经讲过的分类拆分，对其中的每一点进行分类，如"（1）图表使用要准"当中，可以对常见的图表样式、逻辑进行说明，便于我们在使用图表时准确找到合适的表格，避免错用。

总之，以技巧进行拆分，是课程化中常见的一种方式，同时体现出开发者对课程本身有一些高超的、巧妙的思路，是开发者善于总结工作的表现。当然，我们同样要注意，在对技巧进行划分的时候，技巧整体的数量，这毕竟涉及整个课程的单元数量、课程时长等问题，一般来说，能在一门课程中开发出10大技巧，已经是很了不起的事情；如果我们以"技巧拆分"来构建课程的一级单元，那么一般35个就可以完成3~5小时的课程内容。

按照问题拆分

和技巧拆分类似，依照问题进行主题的拆分，也是非常实用的一种拆分方法。毕竟，工作中总是伴随着各种问题，学员总是要解决各种痛点问题，所以当我们集中一些痛点问题，整合成一个课件、一门课程的时候，常常受到学员们的欢迎。比如，"这样突破职场沟通中的五大难题"看到这样的课程标题，我们就知道其课程是围绕问题展开的，很吸引人。

那么在以问题进行拆分主题的过程中，有什么需要注意的呢？

1. 问题需在主题范围内，不是和主题相关的就可以

以问题进行拆分，所拆分出的问题必须在主题范畴内，不能跳出主题去查找与之相关的问题。比如，"关于读书的五大问题"，其拆分的问题可以是半途而废、囫囵吞枣、一知半解等，但决不能是"选书不当"，毕竟选书不当不是关于"读"的问题，而是"选"的问题。

2. 必须抓主要问题，兼顾次要问题

一个主题下的问题，既有主要问题，也有次要问题。只有解决了其中的主要问题，才能在更大程度上解决学员在工作中的问题。而次要问题，可以在课程中予以兼顾、予以提醒，总之要有一个主次的意识。

3. 要着眼于痛点问题，围绕核心需求

除了上述的主次之外，痛点问题也是需要考虑的，所谓痛点是说在工作中高频易错、反复出现的问题，是一般的工作人员需认真对待，需要避开的"坑"等，这些问题的消除，对提高工作的顺畅程度、提高完成度等有着积极的意义。

而痛点问题更具普遍性，能反映出一般员工的核心需求，必须及早解决。

总的来说，上述四种拆解主题的方法，我们可以根据主题需要做灵活的选择，以便对整个主题做出一级拆解；而在拆解的内容之下继续拆解时，依然可以根据上述方法进行细致拆解，从而形成更细致的内容结构。毕竟，上述方法是行之有效的万能拆解之道。

课程结构

    课程结构是指课程目录的某种内在框架思路，是自成一体的结构关系。任何课程都必须有一个清晰的结构，才能给人清晰的课程思路。如何打磨清晰的课程结构呢？其常用的课程框架结构有如下六种：理论式、问题式、比较式、并列式、流程式、论证式。

理论式结构

    理论式结构，常常是从概念说起，解释其"是什么—为什么—怎么做"的结构样式。这种结构最适合有新的概念、陌生的概念（对学员来说），必须解释其深刻的内涵，以延伸出后续的为什么、怎么做等内容，这是符合人的学习逻辑等内在规律的。

    其中，"是什么"重在清晰地告诉学员该思想、概念的内涵，其内在的规定性等，比如"共创式萃取，是说通过多人、小组集思广益、贡献智慧的方式展开的萃取过程"。这样的解释，对其概念中的要点如"多人、小组"等描述，进而让学员明白其内在的含义。

    "为什么"属于延伸性的、进一步的解释，是要学员达到"知其然，更知其所以然"的目的。

最终落在"怎么做"的步骤化上，一般是以操作流程展开的，这样的结构就足以说清学员陌生的、新奇的概念、知识或技能，这也是我们在不少论文当中常见的一种结构，对"学院派"的讲师来说是轻车熟路。

在这样的结构中，要注意适当融入一定的案例，采用道理和案例相结合的方式展开，避免课程过于理论化，过于枯燥。

问题式结构

这是以问题为线索而展开的课程结构——"问题—原因—办法"，提出一个问题，解释其内在原因，再给出解决办法。

在具体的课程中，我们可以针对工作中的典型问题、痛点问题、安全问题和风险问题等，首先提出问题，但要注意，问题是具有内在的"主题性"的，因此需要注意其颗粒度，如果问题过小，或者问题过大，都不利于课程的展开。过小的问题是不必要以课件、课程的方式完成的，比如"怎样解决晨会的迟到问题"这当然也是一个问题，在工作中也常见，但就该问题做一些规定、一些惩罚措施等，就可以轻松解决，绝无课程化的必要。

而过大的问题如"怎样解决公司经营中的问题"就显得过大，毕竟在不同类型的公司中，有不同类型的问题。就是在同一公司中，其经营问题也可以进行具体的表述，如"如何解决公司经营中的产品库存问题"，这样的问题有针对性、又具体，同时不是一两个办法就能解决，需结合公司产品、市场变化、营销策略等展开的，故值得深入探讨。

另外，分析问题的内在原因是重点，在分析原因的过程中，可以分类归纳，从而真正找出导致痛点问题的关键性原因，可能是一两个，也可能是三四个，抓住其中最主要的几个，就可以对症下药。

在分析之后，我们就要针对原因来给出具体的解决措施，这是课程中的难点。有时，问题的解决措施未必直接体现在课件中，课件中可能是提出若干解决的思路、方向，然后在课堂中结合大家的研讨等，找出最切实的解决方案，这也是课程的一种有效思路，不是灌输式的培训，而是借助互动、研讨等发挥众人的才智。

以上三点构成了"问题式结构"的三个关键。

比较式结构

通过比较、分析得出优劣的方式来构成课程的结构，是一个比较常见的课程结构，尤其是在针对方案、产品、服务方式等要对比的课程当中。可以用"类型—比较指标—优劣势"来理解比较式结构。

比如，针对市场上的几款同类手机，我公司拟结合竞品的样式、特点等进行超越，那么在这种产品设计的课程中，可能有多达十几个甚至几十个产品指标的动态变化资料，再加上市场上消费者的偏爱、大众喜欢的样式等内容。这就需要在设计课程时，对这些内容进行一番细致的比较和研究，才能真正让从事产品研发的学员掌握工作方法。针对这种情况，是非常适合以"比较式结构"来做课程设计的。

结合消费者需求，以及目前的市场销售信息等，通过对产品中主要参数的修改，可以开发出两种以上的产品设计思路，逐一进行比较、分析，从而在这一过程中实现新品的突破，以更好地满足消费者的喜好，真正通过课程锻炼我们的产品设计思维。

在这种课程结构中，两两或三三进行比较是基本，多指标比较也是常见的，至少可以给出参考意见，供大家讨论，最终得到符合当下市场的认识。

并列式结构

并列式结构是最常见的一种课程结构，可以用"第一类、第二类、第三类……"来理解。

并列式结构关键在于：不同的要素之间是平行并列关系，能在课程中逐一说清其各个要点，就足以让学员认识到课程内容的精华。

比如"银行大客户营销的六种高效方法"，其中每一种方法都可以奏效，聪明的营销人员会结合自己的情况灵活选用，或者综合性地加以使用，继而达到营销效果。这种课程是对六种方法进行简单罗列，其课程大结构是简单的，重点在于每一项内容的处理深度、实用价值等。

并列式结构虽然简单，但在使用的过程中也有如下的注意事项：

1. 结构的要点不宜过多

比如上述的课程中，开发者集中开发了六种高效的营销策略，足够启发营销人员，但如果将其数量从六种扩大到六十种，其效果势必打折！道理很简单，过多的方法是容易让学员感到疲惫的，不仅记不住、学不牢，也难以在实际工作中真正地运用起来。

2. 注意课程的时长和深度

并列式结构的课程，其大结构超级简单，常常是一目了然的，但其内在的深度是否有保障？能否真正地给学员以启发、以价值？这是需要深思熟虑的。

3. 注意各结构要点之间的主次关系

虽然并列式结构中，其各个要点之间的关系是平行的，彼此之间没有任何的隶属关系，但关键的、重要的内容尽量放在前面，次要的内容尽量放在后面，给人以一种补充的感觉，这样便于保障讲课的整体效果，有主有次的课程更能引起学员的注意，否则一味地"平铺直叙"的课程，常给学员以平庸、乏味的感觉。

流程式结构

这是很常见的一种课程结构，尤其针对工作中的项目、任务等展开的方法讨论，是非常适合采用流程式结构，以步骤化的方法来深入的。可以用"第一步、第二步、第三步……"来理解流程式结构。

在流程式的结构中，彼此的步骤逐一延续，形成一条线性的结构方式，步骤之间有着严格的先后顺序，彼此不能替换，不可逆。举一个最简单的案例，以某个项目来说，其工作流程至少可以分成三个阶段：项目开展前、项目进展中、项目结束后。

这是看待项目的大的流程化认识，是一种常识性的眼光，看似简单，但每一项具体的流程中，都存在着不少很具体的工作步骤。

同时，我们以流程式来搭建课程结构的时候，必须注意流程的数量问题，我们向学员展示的只是流程中的关键步骤、关键环节，进而去解释其中的每一步骤、每一环节都怎么做，一般总的步骤在3～10，如"投诉处理五步曲"——绝不可以采用"穷尽思路"去做流程化设计，那样的话，不仅内容庞大，结构臃肿，对学员来说也是一种巨大的学习负担，流程中的次要步骤、环节或细节，只需在大的步骤中加以提醒就可以了。

在设计流程式结构的过程中，要注意抓住流程的首尾和中间环节，便于精准地找出其中的关键步骤。在《把信送给加西亚》一书中，主人公罗文在接受送信给加西亚将军的那一刻，就开启了这项任务的工作流程。他的第一步工作是搞清加西亚是谁。罗文没必要将其过于前置的工作步骤，如寻找资料、询问他人等写入实际的工作流程，这些内容是可以在搞清加西亚是谁的解释中进行说明的。而在结束时，当信件交给加西亚将军的时候，罗文的工作流程便宣告结束，我们不能将罗文内心的激动、回程等写入流程中。所以，在流程界定的过程中，抓住首尾很关键，再将其中的关键性环节体现出来就可以。

论证式结构

有时，在课程中需要对某些观点进行证明，进行言说，就需要一个论证式的结构——"观点—论据—结论"。

这种结构和写一篇议论文的思路如出一辙，首先抛出自己的观点，进而在过程中给出理由，可以是道理论证、事实论证、比喻论证、对比论证等，突出理由的合理性，最后总结出科学的结论。

比如，我们要论证某些技术部件的温升问题，首先可以抛出一个观点，如"部件的金属材料对其温升有着决定性的影响"，继而以公司制造的某个、某几个零部件的构成的金属材料影响温升的例子进行道理说明，说明时用科学的计算方式来完成，再辅之以某些事实论证，最终就能得出一个综合的科学结论，确保整个课程结构的完整性。

以上六种课程开发的结构，需结合我们自身的课程进行灵活选择，其中的并列式结构、问题式结构、比较式结构，很适合同类内容的呈现；而理论式结构、流程式结构、论证式结构，体现出纵向的深度，有一定的线性思路在其中，适合就一个主题进行深入开凿，从而说明、证明、呈现其内在的规律性。

课程大纲

课程大纲是课程开发常见的交付物，一般包括课程内容的三级目录，并且附带课程时长、教学时间、教学方式、页码、所需道具、教学物资等内容，有助于学员或讲师快速了解本课程的框架。简言之，课程大纲集中展示了课程的基本信息，让讲授者、学习者可一目了然地知晓其中的关键信息。

课程大纲呈现形式

课程大纲是有呈现形式的，通过特定的形式进行呈现，从而更清晰地出现在开发者、讲授者、学习者、管理者的眼前。课程大纲的常见呈现形式有两种：一是导图式课程大纲；二是表格式课程大纲。

1. 导图式课程大纲

是以思维导图的方式呈现课程的基础信息，其信息直观、醒目，可以让阅读者按图索骥，直观地认识整个课程的信息和内在结构，对其中的主要内容也能有一定的了解。查看导图，就像在查看一张地图，各要素之间的链接是清晰可见的；主要内容的延续、转折、深入、浅出也是清晰可见的。

不过，导图式大纲也有缺点，主要在于：如果呈现的内容信息过于庞杂，信息量过大，则体现在"导图"中的文字信息容易彼此"抵触"，其文字标题有如森林中的一棵棵树木，需要细致地查看才能看出它在森林中的位置和价值。

2. 表格式课程大纲

表格式大纲，是一种门槛更低更容易操作的课程大纲。只需要填写工具化的表格，就可以将课程信息呈现出来。其最大的好处在于：可以承载大量的信息量，有时可以根据课程需要，进行自由地添加和删减表格；同时对开发者没有障碍，毕竟人人都填写过各种各样的表格。

表格式大纲主要由两个部分构成。一是课程大纲的名称，如"萃取技术与案例开发"的课程大纲。二是表格主体，其主体又可体现为两个层次，第一个层次是基本的课程信息，如课程名字、开发者、课程时长、课程目标、课程挑战等；第二个层次则是课程的层级结构，如课程导入、一级目录、二级目录、三级目录，以及每一级目录中对应的内容素材、教学方式、教学时间等。

一级目录

课程的一级目录是课程结构中的最大层次，堪称课程的基础骨架。有时，我们以单元的视角去看课程，又可将它称之为"一级单元"。

一级单元的数量一般在 3～7 个，即课程拥有三到七个单元，每个单元独立处理相关的单元内容，单元之间的关系可以从主题拆分的策略中得出，如以分类、问题、技巧等进行拆分，则单元之间的关系常常是并列的，分别处理各自的单元问题；如以流程、理论等方式进行拆分，单元之间的关系是纵向深入的。

一级目录的体现，需注意以下两点：

1. 以分类、技巧和问题为好

课程的单元虽然可以有上面介绍的多种方式，但从实战情况看，更常以分类、技巧和问题来体现，这样能让课程的内容更加丰富，并且在后续的目录中，可以就一级单元进行深入地拆解，以实现课程在整体上的系统性。

当然，这不意味着一级单元以流程、理论拆分就不行，不是这样的，但我们要处理一个技术性的问题时，如"怎样解决某零件在运行过程中的掉落问题"，以流程进行拆分则完全可行。这提示我们：当我们将课程集中在一个较为具体的话题上时，便可以直接进入其工作流程，从而体现纵向的拆分策略。

2. 一级单元只能以一种方式拆分

拆分的方式可以在整个课程中综合使用的，但对一级单元来说，只能以一种方式进行拆分，或以分类、或以问题、或以技巧等中的一个展开，而不能彼此交叉使用，那样势必将整个单元目录的层次打乱，不符合基本的逻辑认知。

比如，以"沟通交流中的五大问题"来说，如果在第二单元中出现第一个问题的解决方法，则是不恰当的；第二单元必须是沟通交流中的第二大问题。每个单元中必须包括了其问题的解决方案。

二级目录

在一级目录既定的情况下，二级目录是可以进行多样化拆分的。这样做的好处是明显的。

一是可以丰富了整体课程层次的多样性，从而避免了在设计思路上的单调问题。

二是开发者可以尝试多种拆分方式，进而掌握和精通多种主题拆分方式，为学员提供更多样的思路。

三是确保课程内容的横向宽度和纵向深度，便于开发者和学习者都能领略到课程内容中的丰富性，学员学起来也不会感到疲劳。

但要注意：我们在对课程进行二级目录的开发时，要注意其总的数量问题，一般二级目录在 3~5 个是比较好的，要考虑后续讲解时的深度问题，以及学员的学习承受力、理解力等，不可以学术化地加以穷尽，那样是得不偿失的。

三级目录

当课程进入了三级目录的时候，常常是非常具体的内容了，这时的目录拆分常以流程来做，便于学员掌握具体的工作方法，同时也十分符合课程开发的内在规律。

比如，一级目录是"文章选题"，二级目录是将选题按照分类分成了"热点文选题""常规文选题""营销文选题"三种。那么到了三级目录，就需要触及"热点文选题怎样做""常规文选题如何做""营销文选题如何做"的层次，触及了"具体操作"的层次，就最适合以流程化的方式来展开，比如以"热点文选题怎么做"进行流程化操作，如下所示：

（1）锁定热点找角度；

（2）结合角度定主题；

（3）快速动笔写初稿；

（4）修改到可以发表。

那么上述的几个要点，就是一个流程化的可操作的过程，属于上述课程的三级目录。至于三级目录下的具体内容，比如"锁定热点找角度"，依然可以运用主题拆分的方式展开，如以"技巧"来拆分，给出若干锁定热点找角度的方法，一针见血地指出其实用性，就可以了。

最后，三级单元的目录数量一般在 3～5 个，依然需要开发者控制其总的数量，确保课程内容的质量、讲解和传播效果。

第四章 | **chapter 4**

内容：萃取经验有干货

内容是课程的核心，自然是重中之重。课程的内容是由多种经验类型构成的，常见的是知识类、技能类和态度类的经验。3 类 18 种经验类型，是课程中的干货，很多内训师不会萃取经验，课程内容只能向外借鉴。所以，我们必须精通萃取技术，才能顺利地开发出独特的属于自己的经验性课程。

知识类经验

知识类经验，指的是课程中"是什么、为什么"等内容，重点在于解释内涵和原因等方面的知识内容，具体包括了"概念、价值、理论、规则、分类"五种经验类型。一个课程不能没有知识类经验，至少要介绍一下要点的价值和分类，但也不能过多介绍知识经验，否则会沉溺于理论中，容易给学员枯燥的感觉。

概念

概念是人将某些事物的共性特点概括出来而形成的，常体现为一种术语、一个词语。比如"学术"，这个概念指的是对事物的内在规律展开的学科化研究，一般体现在高等教育和研究人员的身上。

在我们的课程中，常常是存在某些概念的，这些概念有着特定的内在规定性，必须准确解释其内涵，才能令学员在思想层面对概念达成统一的认识，为后续的课程学习奠定一些基本的认识，否则对概念的认识不统一，势必陷入某些思想的纷争之中，难以自拔。

在课程中，我们要注意对概念进行一个数量上的控制，一门 2 至 4 个小时的课程，以出现 2～3 个概念为宜，不宜过多。否则不仅无助于学员的理解，更会影响后续课程中有关内容的学习。

比如在经验萃取与课程开发中，一般大家对"萃取"这一概念更敏感，需讲师做简要的解释：它特指的是一种对经验的梳理、综合和提炼的技术，具有相当的普适性；再如"'内训师'新解"中的"内训师"，我们赋予了它特定的含义："内"是内萃经验，"训"是训练辅导，"师"是师出"牛"徒。

我们要注意，课程中出现的概念，开发者自然可以根据需要对其进行某种特殊的规定，如上述对"内训师"的内涵的解释，就是一种特殊的规定，有着特定的内涵。但我们不能生造概念，不能强行注入过于牵强的含义，那样做常常是费力不讨好的，我们可以借助概念既有的流行含义，再进行一些独特的丰富，但不要独创概念，生搬硬套不合基本的语言表达习惯的概念。

价值

价值的意思是简单的，是说某项内容有什么作用、有什么好处、有什么意义。如果课程中的内容是没有价值的，就没有开发和存在的必要，而其中需要学员领悟、学习的某些价值，是需要充分体现的。

比如，在"经验萃取与案例开发"中，我们会讲述萃取案例的五大价值，从而提醒学员意识到个案的重要性，以及在个案背后的共性经验能带给我们工作上的各种好处。这种对价值的阐述和设计，不仅可以引起学员的深度思考，更能折射课程本身的内在价值。课程中某些内容价值的彰显，恰恰是课程价值的一部分。

对价值的阐述，常常是分类展开的，即对其价值进行多个维度的体现、讲解等，从而令学员有全方位的认知，同时对课程的学习有突出的精神收获感、思想满足感。

当然，价值介绍，是对课程中的内容重点、要点展开的讲解和教学设计，不是说每一步、每一环节都需要价值强化。同时，在开发时要意识到内容价值的板块的存在，不少开发者会忽略这一点。

理论

很多人不喜欢理论，觉得理论有些枯燥，远不如案例、故事生动，也不如方法、流程等实在。

但其实，理论是可以有趣的、生动的，单纯认为理论是枯燥的、无趣的，是一种典型的错误认知。大部分经典的理论、有效的理论、高品质的理论，讲解起来不仅不枯燥，而且可能生动有趣，给学员的头脑中注入更加深刻而生动的思想认知，以提升其思考的深度，使之站在更高的高度去看待各种现象、各种问题。

所谓理论，其实是系统认识事物规律、解释其底层原理的种种表述，常常有一定的深度，更加贴近事物运转的客观表现本身。在我们开发课程的过程中，是需要一定的理论来支持和指导的，尤其是借助一些权威的、经典的学科理论。

当然，很多时候理论不是我们自己开发出来的，而是通过"借力"来完成的。这就常常涉及日常读书，尤其阅读一些学术作品的问题了。每个学科都有大量经典而实用的理论，在构建人类思想、打造人类文明的过程中，始终在扮演着重要的角色，比如美国前心理学会前会长马斯洛的"需求层次理论"，是在全世界范围内被引用最广泛的心理学理论之一，他将人的需求划分成五种：生理需求、安全需求、爱和归属需求、尊重需求、自我实现的需求。当你在适当的课程中加以引用时，经典权威的理论就无疑在为你的课程"站台"，在证明你的正确性。

当然，我们在这里所说的"理论"是一个广义的概念，它包括但不限于公理、定律、效应、原理、主义、思想等类型，要想在课程中很好地应用"理论"来站台，其方法有两点。

第一是阅读学术作品，对特定学科如心理学、哲学等学科的理论多了解，在阅读过程中理解、消化，并在课程中加以运用。这是根本性的方法，如果说有缺点，那就是积累的过程是缓慢的，学习和消化是需要时间的。

第二是借助检索工具进行检索。在我们开发课程的过程中，可以结合特定的"理论需求"，围绕关键词去检索特定的理论，快速理解并吸收其核心要点，从而将其快速迁移到我们的课程中来，这样做的好处是快。较之上述的阅读和积累是更快，但这种方法的缺点是对理论的理解相对不够深入，最好能在设计课程的时间里，速读一点相关的内容，可以从一些专门的学术论文网检索相关文献，加速对理论的理解；或者通过知乎等自媒体作者的文章中进行消化、理解。

一般来说，一个单元有一个理论就好，理论多了容易务虚。

规则

规则是针对特定情况、特定人群的一整套要求，常常体现为需严格执行和遵守的制度等。

大的规则如国家法律、法规，全行业协会的制度条款、文件，或集团公司的制度要求，比如财务报销制度、出差管理制度、公司安全规定等，小的规则如课堂要求、迟到早退惩罚规定等。

规则的要义是不难理解的，是对特定人群的一种规定性要求，从而体现出组织纪律性、执行的行为标准等。

规则发生改变，比如国家对特定行业的政策发生变化，会导致相应的市场变化，进而引发公司在产品、服务等方面需作出一定的调整，比如某市出台新的房地产规定、首套房贷款利率发生变化等，都将引起一系列的市场变化，需要我们在产品和服务层面作出相应的调整。

在我们开发课程的过程中，使用一些行业规则、集团公司内部规定等，是课程中某些内容得以开展的重要依据。比如"××银行账户管理遵守的三大基本原则"，在这样的规则下，我们对其原则进行阐述，并将其落实到账户管理的工作中，再辅之以具体的案例、注意事项等内容，就容易让学员明白如何理解、执行这样的规则，如何在工作中依据上述规则去完成自己的工作。

再比如，在一门针对公司内发票管理的课程中，我们可以根据有关规定展开讲述，进而落实在课程中。

对"规则"的使用，我们要注意一下两条：

1. 使用规则中的重点条目

规则常常是一整套的东西，要想在课程中全部呈现是不大现实的。只要我们的课程不是去解读全部规则，而是依照规则来实施我们的工作，那么在课程中我们只需引用规则中的一部分，甚至只是一小部分对课程有用的内容即可，而不要大量援引和解读，那样的话容易偏离课程的目标。

2. 规则与案例相结合的原则

在解读规则的部分条目之后，我们最好在课程中辅之以案例，让规则和案例结合起来，才能更好地充实课程内容，让课程内容不显枯燥，更有助于学员的理解、使用，真正在工作中落地；如果真是单纯地给出规则，却不给出一定的案例，课程的内容势必抽象、枯燥，不受学员的喜欢。

分类

"分类"不仅是上一章节中进行主题拆分的一种方式，也是我们呈现经验的一种类型。在萃取经验的过程中，分类的意义在于以下两点：一是种类的划分；二是经分类而给出更有价值的经验内容。

1. 种类意义上的分类

各种事物、情况、原因、结果等都可以进行分类，如将人分作男人和女人。在这个层面上开发课程，可以将其主要类别分别呈现，从而体现出内容的全面性、思考的周延性。

比如，我们在梳理发票知识的时候，可以首先将其分成两个大类，一类是可以抵扣的项目，另一类是不可以抵扣的项目。而在可以抵扣的项目中，又可以具体化为：办公楼的租金、水电费、信息服务费、广告费、培训费、会议费和展览费等；而在不可以抵扣的项目中，则可以具体化为：体检费用、机票等车票费用、差旅费等多种（如表4-1所示）。

表4-1　发票知识

可以抵扣的项目	不可以抵扣的项目
办公楼的租金、装修、水电费	员工宿舍的租金、装饰、布置费用
信息服务费、广告费	员工食堂费用、体检费用
办公家具和办公设备、用品	餐饮费用、零食

续表

可以抵扣的项目	不可以抵扣的项目
培训费、会议费、展览费	旅游费用、文体娱乐费用
固定资产采购	机票、车票、打车费、租车费用
审计费、咨询费	文化衫等员工福利用品
国内公务出差住宿费用	国际公务出差住宿费用
	用于员工福利的其他费用

2. 以分类呈现出特定的经验内容

这是以分类的逻辑，对经验展开的特定梳理，进而萃取出更有价值的经验内容，一般可以有如下三种情况。

（1）二分法

是将事物、现象等一分为二去看，常常出现两个"极端"的局面，如好与坏、大与小、高与低、幸福与不幸等，这体现出一种鲜明的辩证思维。

其萃取经验的方法在于，通过二分而实现更有价值的单级盘点，如"幸福家庭的十大特征""好上司的六种表现""高效沟通的七大法则"等。

在这样的经验当中，是首先将其"主题"（或话题）进行了二分，取其有价值的经验内容，弃其价值小的或没有价值的经验，如在"幸福家庭的十大特征"当中，是潜在的有一个"不幸家庭的各种特征"，其意义和价值也是有的，便于人们认识不幸家庭的种种表现，但出于对正向经验的输出角度看，"幸福家庭"的种种表现更有"资格"首先输出。

再如"好上司的六种表现"中，也是潜在地有"坏上司的各种表现"在其中，正如老子在《道德经》中所说的：天下皆知美之为美，斯恶已；皆知善之为善，斯不善已。这种一分为二的辩证思维，可以让我们很好地找出经验中的两端，进而将其关键性的、更有价值的一端进行经验输出。

（2）三分法

和二分法的一分为二相似，三分法是将结论、现象、话题等考查对象一分为三地去看，从而取其中恰当的维度展开经验性的描述。

比如在中国古人的眼中，也经常这样看问题，如将春夏秋冬四季进行三分法的划分，将春季分作"孟春、仲春、季春"，将秋季分作"孟秋、仲秋、季秋"等，在今天我们虽然不在生活中这样表达，但"初秋、中秋、暮秋"还是常见的，也是属于三分法的表达方式。

而在公司项目和任务中，我们也常将其划分为三个阶段，如"项目前、项目中、项目后"；在写文章的过程中，也常以"总分总"来言说其结构；而在逻辑学当中，众所周知的"三段论"——大前提、小前提、结论等，也属于典型的三分法。在有些关于经验输出的课程中，开发者常将员工分成"优秀、合格、不合格"三个维度，去查看"优秀员工的七种特质""合格员工的六大标准""不合格员工的九种表现"等，说到底，这也是一种切分查看对象的思维方式，或者进行阶段性划分的思路。

（3）多分法

将情况、现象等进行四个以及四个以上维度、角度的划分，从而以多个维度和角度来展示其经验，就叫作四分法、多分法。说到底，这是将"分类"的策略进行多维拆解的结果。

比如在银行工作时，对开户进行核实的五要素：门头、场所、经营地、法人、经营状况。四分法和多分法中，其要素常常呈现一种并列关系，通过这些要素的解读、剖析，可以将个人经验、组织经验更完整地表达出来，进而在课程开发过程中表达得更全面。

以上的五种知识类经验，需要根据不同情况、不同的表现、特点等进行灵活处理，其数量一般在3~10个，高手的应变超过新手，是因其了解各种情况。

技能类经验

技能类经验是经过实践检验，能有效地解决工作中的各种问题，也是学员最需要学习、最容易落地、最容易接地气的经验类型。技能类经验主要包括以下八种：方法、流程、做法、口诀、话术、工具、技巧和注意，技能类经验是课程内容的主体。

方法

针对同一任务，只要有不同的做法，就是一种新的方法，故而需要不同的命名，不同的命名体现出不同的方法。具体采用了怎样的方法，这里暂且不予纠结，只给出几种常见、实用的方法命名方式，而在这些命名的方式中，我们可以窥见其方法的内在思路。

1. 重点法

抓住其重点、要点、内在的关键点进行命名，从而让人一看便知其方法的某些特点、特征和特质，比如"访谈式萃取""解释性标题""情绪安抚法""要点挖掘法"，在这样的命名之中，可以看到其方法的基本特质，给使用者一种"开门见山"的感觉。

顾名思义，想给自己的方法以"重点法"命名，就是要抓取方法中的重点要素，做一个简练的表述。

2. 形象法

这是根据某个具体的形象加以命名的一种方式，比如"病毒式营销""地毯式搜索""顺藤摸瓜法"，以某种常见的、容易理解的，同时又能形象地代表方法本身内在含义的方式来命名可以让方法更通俗易懂。

做到这一点其实也不难，恰如上述的"病毒式营销"，是将"病毒"这个具体的事物放入名称中，令人联想到其营销是想病毒一样迅速生殖、繁衍，进而发挥效力。

3. 利益法

利益法是将某种特殊的、特定的目的，或者在过程中的某种收益性的体会体现出来的方法命名方式，如"轻松选题法"是说其选题的过程是令人倍感轻松、愉快的；再如"校园促销共赢法"是将"共赢"这个利益要点体现出来，从而加以命名的。

要想以"利益法"给自己的方法命名，其要点在于找出该方法带给人的某种特定的利益，可以是结果上的、可以是过程中的，从而给人一种获得感、精神满足感。

4. 数字法

将数字融入方法的命名中，常见的是以步骤的数量，结合具体的动作来完成的，比如"五步追踪法""四步拓客法""渠道优化四部曲"等等。

想以数字法来命名是容易的，只要抓住其中的两个要点，一是量词，一般和步骤密切相关；二是某种动作、某种指向，常常体现为动词。

上述的几种命名方法的方式，可以灵活运用，只要结合你所创造的方法的某种特质来完成。有时，我们可以将一种方法进行多种命名，只是角度的不同。

比如做红烧肉的方法，可以命名为"红烧肉五步曲"，这是数字法，是用其主要步骤命名的；或"轻松烹饪精品红烧肉"，这是利益法，把轻松和精品带入其中；或"家常酱汁红烧肉"，这是重点法，强调了家常酱汁的做法；或"一刻钟红烧肉"，这是形象法，是说时间很短便可出锅，减少等待时间。

流程

流程是经验课程化的重中之重。一个任务、一份工作、一个项目，其处理的关键常常就在流程。

大家看重流程、遵守流程、改进流程、改变流程，但无法跳出流程、越过流程、摆脱流程、放弃流程，是因为流程是完成一系列工作的内在规律。其步骤化、可操作的特质，决定了我们在工作中必须认真对待流程，发现流程中的问题，及时处理，就能切实提高工作效率。

在开发课程的过程中，我们要重视工作流程的梳理，将其关键性的步骤整理出来，加以解释、加以完善，从而对学员认清工作、提高工作效率，有着非凡的意义和价值。

1.流程是一系列可操作的步骤构成的

在梳理流程之前，必须认识流程是什么。其实，流程是由一系列可操作的步骤构成的，是我们的工作在延伸的时间线中出现的各个步骤的集合。但在查找其步骤的过程中，我们需强调重点，抓住流程中的主要环节，暂时放下次要的、细节性的东西，不是放弃，而是抓大放小、取主舍次，首先将关键性的步骤梳理清楚。

在关键性的步骤梳理清晰之后，可以在其解释的过程中，对次要的、细节性的，但具有衔接意义的步骤、内容等做一简要说明，以便于使用者清楚知道流程的全部内容。

比如，银行营销人员在整理邀约客户的流程时，梳理出其中的关键性步骤有：（1）整理话术；（2）线上宣传；（3）电话邀约；（4）二次确认；（5）递送邀请。

上述的五个步骤即可完成对客户的邀约，但仅仅有上述的表达就够了吗？不是的。还需要在流程的步骤中加上动作指令，才能让其可操作。比如第一条"整理话术"，有什么具体的要求呢？怎么做呢？这就涉及流程的可操作问题。

2. 流程中的步骤需可落地操作

流程中的步骤，如果没有任何可操作的要求，就难以体现出经验主体的操作过程，而只是指出了步骤中的某些要素，如上述的"线上宣传"，至于怎样宣传，并没有一丝一毫的体现，所以其开发者在确定流程时的表达是："线上宣传要妙。"

在这里，其操作的效果给出了，虽然只有一个"妙"字，但经过对步骤的进一步解释，并给出了一些特定的操作方法，就体现出了开发者的实际经验。

3. 萃取流程的常用方法是头尾法

我总结了六种萃取流程的方法，这里不再赘述在萃取现场最常用的是头尾法。

所谓"头尾法"，是说首先找到流程的开端以及结尾，再将其中的重要步骤检索出来，从而形成一个完整、系统的流程。

在这个过程中要注意，流程的开端（起点）不宜太靠前，也就是不宜将大量的准备性工作纳入进来，尤其是关联度较低的工作，更不宜写入流程中来。以做菜为例，无论我们做什么菜，都不宜将买菜、选菜、洗菜、择菜的工作写入做菜流程。

同时，在流程的结束阶段，也不宜延续过长，一项工作、一个任务、一个项目结束后，其工作流程应立即结束，不应将庆祝成功、复盘总结等写入流程。但如果其经验需要延伸到其他同类工作中，属于工作中的一个必须，是可以写入流程的。

4. 关于流程中步骤的数量问题

一级流程的数量不宜过多，一般来说以 3～10 步为宜，上限是 10，否则不便于学员学习和掌握，不便于在实际工作中真正落地，也不利于流程的传播和推广。

做法

做法是体现在流程中的实施环节，我们可以从两个角度理解"做法"，一是广义地理解"做法"，二是狭义地理解"做法"。

1. 广义的"做法"

指的是针对一条流程的全部解释性文字，常常包括该条流程中的概念解释、价值说明、分类情况、具体实施等，从而可以让学员理解得更透彻。在这种详细的文字性解释中，可遵循如表4-2所示中的写作结构。

表4-2　广义的做法

	指的是什么	表达范式
含义	解释流程中的主要概念、关键词，让学员明白其内在含义	××是指……
价值	说明这样做的好处是什么	××对……有一定的影响，会导致……
分类	分情况进行说明、表达	根据某个角度，可以将其分为如下几种情况，分别是……
行为	具体的操作，最好量化	在具体操作时，可以……

如表4-2所示中说的是广义做法的四个撰写过程，体现出一种完整的结构。凡是按照上述结构来写的，都可以称之为"全结构写法"。在上述四个要点中，其行为即具体的操作是最主要的内容，必须写清楚，其次是分类，可以让学员明白在各种情况下分别如何操作。再次是含义和价值，在不少流程的表达中，其关键词如果非常容易理解，就不必过多解释；其价值如果一目了然，就不必非解释一番。但其分类情况和实施过程，是必须写清楚的。

案例如表4-3所示，以"强调讲重点内容"这一条流程的全结构解释来说明。

1. 强调：强调讲重点内容 ①

表4-3 "强调讲重点内容" ②

含义	重点内容是指客户经理在做合作商及合作项目贷后管理过程中需要收集的资料，包括重点关注的信息，操作的步骤以及最终达成的结果
价值	重点内容对客户经理进行合作商及合作项目贷后管理有指导性作用，能帮助客户经理快速明晰自己的工作职责、工作方式和工作内容，做得好会使管理工作事半功倍，做不好会导致贷后报告被反复退回要求修改或要求补充资料的人为工作量增加
分类	重点内容根据贷后管理操作流程分为三类：前期需准备的资料重点、中期需撰写的报告重点、后期需整理的文件重点
行为	一是前期需准备的资料重点。至少每三个月开展一次合作商及合作项目贷后管理工作，要求收集合作商及合作项目近期财务报表（加盖企业公章或财务章），客户经理前往项目施工现场实地查看项目施工进度并拍照留存影像（至少2张，项目现场整体情况1张、贷款楼栋施工现状1张），通过企查查、天眼或客户统一视图查询企业及其法人最新情况，如征信情况、是否涉诉或关联企业情况等 二是中期需撰写的报告重点。在贷后监控报告中要反映的内容主要分四块，第一部分是合作商及合作项目的基本情况有无发生变更 三是后期需整理的文件重点。收集的财务报表原件、客户经理前往项目现场照片、贷后监控报告（签字纸质版）整理成册，标注监控时间，按合作商及合作项目分类单独保管以备检查。整个工作流程要求在10天内完成

2. 狭义的"做法"

狭义的"做法"，指的是在广义的做法中的第四点"行为"，就是"实施过程中的可操作、可量化的动作和标准"等。这是学员能进行复制经验、真正操作的关键，表达越清楚，越能确保学员在经验落地时运用的准确程度。所以，常常需要给出一些可量化的指标。

在具体表达时，可以从实施的主体，操作中的数量、质量、时间、成本方面分别说清楚，尤其在一些新的和改造的流程中，更需要将其做法解释清楚，

---

① 标题中的"1"是说，这是其流程的第一条；"强调："采用的是后面讲到的"要字诀"。

② 行为中的文字，常常针对上述"分类"逐一写清楚。

以与过往的做法区别开来。

比如，一个生活化的案例。

老婆安排老公（主体）在厨房（地点）洗碗（行为），挤出 3～5 毫升洗洁精在盆内（数量），加温水到一半（数量），所有碗、盘子放到盆里浸泡 3 分钟（时间）。第一遍用钢丝刷里里外外刷 3 次（数量），刷每个碗不少于 30 秒，拿出放在灶台上（地点），然后再第二遍用清水冲洗 2 分钟（时间），用干净毛巾擦拭（质量），按照大小类别放置碗柜里。

在上面这个案例中，有实施主体、有地点和行为本身，有许多量化的词汇，以及时长、质量等，这些关键性词汇的存在，充分体现出行为的可操作。

再如，银行中针对"利益型客户"的一些做法。

利益型客户特别是存量大的黑金客户提升为私行客户时，可以总结以下三个方面展示给客户：产品的利益提升量化、私行客户增值服务的量化、加入私行客户平台的人脉量化。

在具体准备提升客户时，需根据以上的利益点拟定一套回馈客户的方案，用数字说话，让客户清晰明了地看到差距。

（1）产品的利益提升量化：计算产品收益差额，普通客户 1 年期理财产品收益率和私行客户 1 年期理财产品收益率相差 1%，即每 100 万元 1 年相差 1 万元。

（2）私行客户增值服务的量化：告知客户私行客户增值服务的总价值金额，包含健康医疗服务、机场贵宾服务价值、四大增值服务体系价值及本行针对提升新客户的纪念品。

（3）加入私行客户平台的人脉量化：为私行客户创建面对面交流的机会，可以组织高端私行沙龙、答谢会、旅游等，让同一层级的客户可以进行信息互换和机会共享，从而实现共赢。

在上述案例中，针对利益型客户，开发者从三个角度去提醒使用者如何操作，其方法有量化数据、告知内容、交流平台等，比较实用。

口诀

所谓口诀，是将内容要点进行编辑、加工，从而使之成为便于记诵的语句。对经验萃取的口诀化来说，其着眼点是对流程表达的进一步优化，以便使用者记诵、传播。

要说明的是：口诀重点针对的是一级、二级的内容，不过在个别地方，只要超过两句概括性的话语，就可以进行口诀化的升级。

常用的口诀化有如下四种：要字诀、数字诀、重字诀、韵字诀。

1. 要字诀

顾名思义，要字诀是将流程表述中的关键性要点提炼出来，构成其表达上的"头部"，再加上具体表达的"尾部"。如下面的几条流程。

问：问清客户信息

搭：搭建客户关系

听：听取客户需求

解：解决客户疑惑

上述流程中，"问、搭、听、解"属于各条的"要字"，而冒号之后的内容属于具体的表达。在揣摩和创作要字诀的过程中，其方法在于以下四个关键。

（1）提炼原有表述中的关键字、词，一般在1~2个字，构成其头部。

（2）原有的表达如果参差不齐，可以统一其字数，一般在5~7字，构成其尾部。

（3）要字诀中的头部和尾部由"："连接起来。

（4）要字诀的总字数最好控制在10字以内，便于传播。

2. 数字诀

数字诀也是由头尾两个部分构成的，其流程的整体体现出"一×，二×，三××，四×，五×，六××"等字眼，头部字眼除了上述数字之外，第一二条、第四五条等常常由一个字构成，而第三条、第六条则由两个字构成，如：

一萃：萃取内容要点

二齐：结尾对齐字数

三排序：数字先后排序

上述的数字诀中，"一萃、二齐、三排序"属于头部，跟在冒号后面的文字属于尾部。这样体现出的字诀，一方面精练、整齐，另一方面给人很强的节奏感，便于使用者去传播，符合语言文字的表达特质。

3. 重字诀

重复的力量是强大的，通过特定字眼的重复，能形成一种类似排比的修辞效果，比如：

了解客户要精心

联系同业要放心

协调资源要诚心

沟通交流要真心

保持合作要热心

在上述的字诀中，每一条都重复了一个"心"字，构成了一种表达上的气势，很有力量。

想要创作出好的重字诀，有如下的几点要注意：

（1）选好重复的字眼，需使其符合每条内容的内涵本身，不要生硬；

（2）重字诀中重复的字或词语，可以在句子中的任何位置，但重复的文字必须保持在整体结构中的同一位置。

4. 韵字诀

所谓"韵字诀"是说，在每条流程的表述中，其结尾的字是押韵的，从而产生一种有如诗歌一样押韵的滋味，读起来朗朗上口，给人清新的滋味。比如在"老年客户情绪安抚"的流程中，以韵字诀完成的如下内容：

1. 单间隔离要趁早；

2. 安抚情绪先做好；

3. 引导回忆线索找；

4. 联系家人免征讨；

5. 承诺安慰不能少。

这样的韵字诀体现出开发者独特的匠心，非常便于其经验的传播。在使用韵字诀的时候，我们可以：

（1）找准一个韵字，再通篇思考其整体流程，在不改变其内容表达的前提下，进行韵字诀的创作；

（2）可以结合一些网络资源，查找相关的韵字，从而快速完成对韵字诀的创作。

以上四种字诀的创作方法，其目的在于对流程表达进行升级，从而造成一种整齐划一的语言效果。但不要对其内容本身构成戕害，不要生硬地套用口诀，可以结合内容本身，查看其适用的方法，再决定使用怎样的字诀让自己的流程表达有进一步提升的空间。

话术

话术是针对特定的主题、特定的人群等，所开发的一整套有效的对话系统，是将其中的常见问题进行科学处理，给出最佳答案，便于工作人员统一作答，形成一种标准化的作业式回答。

话术的本质是响应和满足客户的某种需求或痛点。话术的内容就是某个维度的展开，一般一句话术只要传递 1～2 个维度即可，方便客户了解，如传递产品特点、好处等。

"你可以看一下（拿出手机或台账本），今天很多人都来登记和购买了。"

"先生您好，看上哪一款了，可以再看一看，或许可以选到最满意最实惠的呢。（如果客户显出迟疑，补充一句：不买也没关系的）"

"先生您好，有什么可以帮助您的吗？我在这个商场已经干了三年了。"

工具

工具是课程落地的重要保障，使用起来非常的方便。常见的工具类型有公式、矩阵、表格、模板等四种。

1. 公式

在数学当中，公式是常见的，常常由加减乘除等数学符号加以连接，构成一些等式等，在经验萃取的课程中，我们同样可以这样做，从而给出量化的公式，供使用者或直接使用或参考使用或借鉴使用。

如何在课程中开发公式呢？以下是一个实用的开发流程。

（1）定主题。通俗地讲，你要在课程的什么地方"造公式"？这个地方势必有一个主题的存在。当然，理论上"造公式"可以任何地方，可着眼于大的主题、大的流程，也可着眼于课程中的某个细分环节。比如，在调整工作周计划中的"自身心情"这一主题上制造公式，而该条属于整个调整周计划的一部分。

1. 调整自身心情（重点）

2. 盘点工作事件

3. 分类工作类别

4. 制定工作计划（难点）

（2）定指标。针对上述主题，指出至少五个指标，如影响心情的指标：能力、调整、家庭、工作、目标、心态、准备、帮手……然后选择其中的关键性指标作为公式的要点，如选择"能力、目标"两个要素。

（3）定算法。在敲定上述指标之后，需要对其算法进行梳理，重点查看其逻辑关系，可采用"+ - × ÷"等逻辑分别尝试，其中加法的内在逻辑是叠加，减法自然是减除，乘法表示缺一不可，除法则表示其结果上的比率关系。实际上，我们可以根据经验的需要，对其中的关键性要素进行内在逻辑的构建、推演等，从而实现公式的制造。

如上述举例中的公式：

$$心情 = 能力 - 目标$$

（4）定名字。给你的公式定一个好的名字，适合其内容本身，便于公式的传播和使用，如上述案例中的公式，可以命名为"心情公式"或"职场心情公式"，能贴切地说明其内涵就可以。

在实际的课程中，我们需对所造公式进行一个解释，能给出一个简单的案例是更好的，这样便于使用者更好地理解你的公式。如下面是在课程中的实际案例。

公式：心情 = 能力 - 目标

解释：影响心情的主要因素有能力和目标，能力是指个人的综合实力，目标是指个人的需求，个人的能力要始终大于能力，个人才会心情好，否则就会不开心。

举例：比如小张的目标是在 2021 年 6 月想买一套房子，但财务能力离首付还差 20 万元，那么小张心情就不好。

2. 矩阵

矩阵是一个平面内，将两个维度的要素进行交叉，呈现四种结果，从而进一步给出更适合的方案、做法等，以提醒经验使用者注意（如图 4-1 所示）。

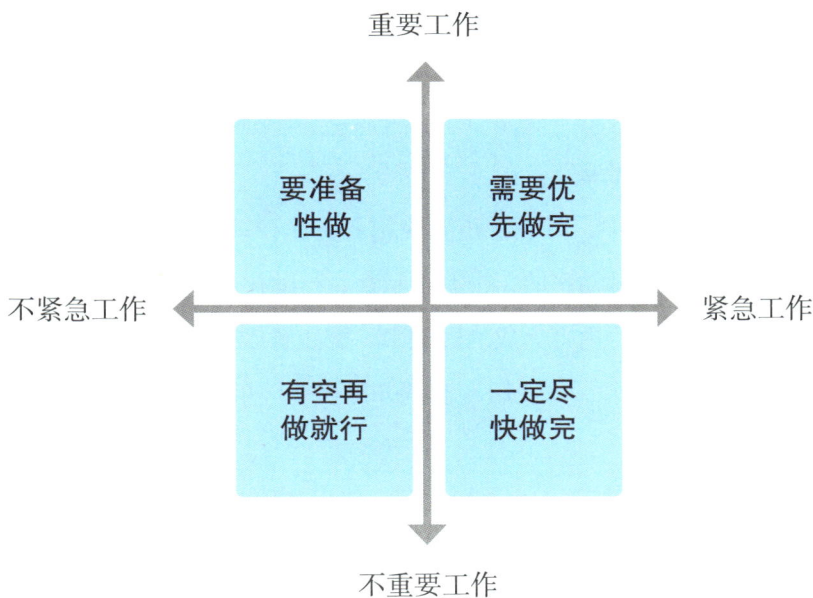

重要工作

要准备性做	需要优先做完
有空再做就行	一定尽快做完

不紧急工作　　　　　　　　　　紧急工作

不重要工作

图 4-1　矩阵

矩阵有一整条的思考和制作流程。

（1）定主题。需要在适合做矩阵的地方，找出特定的矩阵主题，可以针对大的主题、流程，也可以针对课程中的细分环节，我们仍以"周工作计划"为例，选择其中的"指定工作计划"来做矩阵。

（2）定指标。是说将选定的主题的关键性指标，一般在五个左右，再比较分析，选定其中最主要的两个维度。比如影响工作计划制定的指标：时间、重要、地点、人物、紧急、领导重视……我们最终选择"重要、紧急"两个指标。

（3）定两极：将上述选择的两个维度进行两极分化，思之以"最"，造成两个"极"端，如上述的"重要、紧急"中，将其分化成"重要、不重要""紧急、不紧急"。

（4）定内容：上述两个维度交叉组合，构成了象限中的四个情况，如图4-1所示。我们以"紧急工作—重要工作"的第一象限而言，对紧急而又重要的工作来说，要"优先做完"。

在定内容的过程中，可以让矩阵使用者快速行动起来，而不要给出一个静态结果，其结果需是动态的，带有指示性、行动化的。

另外，在矩阵主要内容完成的过程中，需注意以下两点：

第一，给矩阵命名，让使用者清楚知道该矩阵的用处，对矩阵的传播也更加方便；

第二，定口诀。给矩阵定内容的时候，使用某种口诀，如要字诀、重字诀、韵字诀，是对矩阵内容的一种优化，有利于矩阵的传播。

3. 表格

表格，又叫表单，是工具中最常见的一种，适用于各种场景，比如调查信息表，诊断表，盘点表，工作流程表，分析总结表，考核监督表，比较、练习表格等。这些表单的存在，对我们工作的顺利开展，有着非常实用的价值。

以信息调查表来说，只要表单中的信息定位明确，可以很好地给出我们要的信息，供用户填写，或起到告知作用，就可以发挥工具的作用。

表单的制作，有三个方面的内容，一是标题，二是内容，三是注意事项。每个表单都要有一个切实的标题，这样可以给使用者准确的认识；在内容设计上考虑横向和纵向两个维度，如表4-4所示中所示的横向维度中，有"序号、步骤、要点、具体安排、时间和负责人"等，我们可以根据自身的需要，结合表单的使用场景进行增加或减少，确保其目标的实现。

表4-4　表单制作范例

序号	步骤	要点	具体安排	时间	负责人
1	搭建平台	人员分组	营销小组		
			支撑小组		
		物资准备	活动现场		
			宣传录制		
		活动场地	（××）乡镇		
			（××）渠道		
2	预热营销	现场宣传	录音播放		
			宣传单发放		
		现场布置	舞台搭建		
			礼品堆摆放		
3	路演活动	节目安排	节目顺序		
			节目类型		
		主持人台词	问答环节		
			游戏环节		
		节目制作	内容编辑		

续表

序号	步骤	要点	具体安排	时间	负责人
4	现场营销	服务台设置	咨询台		
			办理台		
			售后台		
		人员安排	营销组		
			维护组		
		宣传物资	宣传单		

在纵向维度中，是各横向维度的具体展开，从而形成表单的各项内容。

在表单内容结束后，可以有"注意事项"或"说明"，表述开发者的某些文字交代，便于使用者更清楚其内容。

4. 模板

模板是可以直接套用的模式，标准化的东西，可以让学员直接将其个性化的内容，套入到指定的模子中，从而在统一的形式中批量、快速完成某些作业。在课程化的过程中，最常见的模板是PPT课件的模板化，将设定好的基本结构、特定要求等放在模板中，供学员直接使用。

在设计模板的过程中，需注意以下三个要点：

（1）从共性的结构要点考虑起，从而梳理出所有人都可以使用的通用性结构。比如在PPT模板的设计中，要包括封面页、目录页、导入页、单元页、单元目录、内容页、过渡页、结束页等，从而满足大家的共同需求。

（2）模板要可调试、可更换，以备学员在使用中彰显独特的个性。模板是共性的东西，但需考虑学员在使用中灵活变通的问题，如上述的封面，其背景、文字框等可以根据需求进行一定程度的更换。

（3）特殊的注意事项需加以说明。模板使用的注意事项，要进行简要而明确的说明，以便学员在使用之前可快速了解，避免在使用中发生重复性错误。

技巧

熟能生"巧"。对萃取经验、开发课程而言，大都是有着丰富经验的老员工、业务精英、管理者等，其工作中有着非常丰富的技巧，甚至在每个主要环节中，都可能有不少的技巧存在，这就要求我们在萃取的过程中，绝不能忽略对技巧的萃取，不能忽略对技巧的课程化。这样可以对学员有极大的帮助，使其快速领略到工作流程中的某些诀窍、某种智慧，从而提高其对工作的认识，提高工作效率。

挖掘技巧的方式很多，主要思考的角度有三个。

1. 人的角度

从管理者、客户等"人"的角度，去考虑技巧怎样才能更好、更方便、更快捷。总之，结合"人"与"更"来思考技巧问题。

比如，管理者怎样才能更好地管理自己的团队？萃取其过往的经验，是可以得出大量的技巧的。针对不同的客户，首先了解其性格特点，再调整对话策略，比如针对豪爽型的客户，需要我们"适当赞美，并在介绍产品时简单干脆，绝不可拖泥带水"，要将更多的话语权给到对方，而我们对产品、服务的介绍，只要"见缝插针"，进行一些"穿针引线"的工作就可以了，千万不能过于"自我"地、大量地推销自己的产品信息。

总之，每个营销人都有自己独特的一些方法，这些方法常常是技巧性很强、很实用的，不妨体现在课程中。

2. 事情的角度

围绕着事情本身去思考，从事情的起点、过程、介入性因素、结果等进行考虑。如何做能更好地提升其最终效果？从什么时间、什么地点做起，避免什么才能更好地将事情做成？这些都是值得思考的角度。

比如在项目结束一周内，我们跟有关的客户、领导者进行一次深入地沟通，而不是在项目结束后一个月才想起做这件事，就容易将事情处理得更完满。

再比如，从节约时间、节约成本的角度思考，优化什么地方可以优化一件事的工作流程，使之更快一点、成本更低一点……这些以"更……"的思路展开的针对事情的提升，就容易出技巧。

3. 公司的角度

公司是通过管理来运营的，在公司运转的过程中，是可以通过大量技巧来实现加速运转、健康运转的，比如持续关注产品的更新、迭代问题，在每次更新、迭代过程中，可以累积一定的技巧，从而加快更新速度、推出迭代版本的时间等，结合用户的心理需求、市场变化、社会热点等，都可以形成某些工作上的技巧。

从公司的角度，是一个相对综合的角度，较之上述的人的角度、事的角度，更考验一个人的统筹能力、思考宽度，从而能更好地丰富公司范围内的技巧累积。

总之，我们在经验萃取、课程化的过程中，要重视技巧问题，重视对各种技巧的萃取，尤其注意用技巧改善工作流程、改进工作质量，更是学员最喜欢听、最喜欢用的一种经验类型。

注意

注意，是"注意事项"的简称。在各种工作中，都常常有容易出错、容易忽略的环节，但对新人等经验不够的人员来说，明显的"注意事项"能有效地引起其精神上的注意，从而避免犯下各种不必要的错误。

错误有大也有小，小的错误是难免的，但给予注意后也可以提高工作效率等；而大错误要尽量避免才好，否则容易造成不可挽回的经济损失。对个人的成长来说，错误更是难以承受的精神压力，甚至会伴随一个人很长一段时间，造成一种巨大的精神阴影。可见，在梳理工作流程的过程中，我们很有必要给出一些注意事项，从而让使用者有效地避开各种"坑"才好。

1. 指出工作中的注意事项

指出注意事项是第一个关键，可以有效地提醒使用者注意，在指出的时候，常常要给出易犯错误的时间、地点、环节等，有一个细致的说明，便于经验使用者更好地理解其错误所在。

比如，维修注意事项（针对进口设备修复难题的经验萃取）：

第一，在拆卸时一定要做好零部件的安装标记，使用记号笔做好划线工作；
第二，光栅尺的清理一定要采用专业清洗剂，不得用手直接触摸；
第三，光栅尺的灵敏度校验值控制在 1.0~1.5 为最佳。

2. 知其然，更要知其所以然

仅仅指出哪里容易出错，还是不够。这样做虽然可以避免使用者犯错，但如果不能给出经验性、科学性的理由，只是简单、粗暴地告诉你的使用者"这样做就行了"是不可以的。因为"这样做就行了"，会让你的使用者、执行者陷入茫然不知的状态，他会处在一种懵懂中，不明白该项注意的内在理由。尤其对一些技术性的注意事项，除非涉及保密数据（但也要告知这是保密数据之类），必须要给予科学的解释。

比如，在银行中工作的营销人员：通过电话销售加到客户微信后，可以备注好客户所意向的产品起息对应的到期兑付日期，在到期前提醒客户赎回或注意到账查账，增加产品追加营销资金留存的可能性。

上述案例中的"注意"可以很好提醒营销人员，并给出了具体的解释。

3. 注意事项需紧随工作流程

注意事项是一种提醒，是经验丰富者向使用者、学习者的一种经验传递，所以其内容必须结合工作流程，紧随工作流程，不要独立存在，可以在工作流程完成时，紧随其后，单列为"注意"或"注意事项"，便于使用者直接看到，结合其上述经验进行理解、消化和执行。如果在课程结束后独立摆出注意事项，集中给出整个经验中的一些注意事项，很难让使用者直接联系到流程中的环节本身，所以不适合独立存在，还是紧随流程为好。

技能类经验是课程开发的内容主体，可以基于三级结构萃取多种技能类型经验，便于课中的经验传承。

态度类经验

　　态度类经验是课程内容中相对务虚，但不可缺少的经验类型。我们常说，行为的背后是思维，内在的态度影响了行为的外化表现，所以这也是常见的经验类型。常见的态度类经验有五种：信念、价值观、道德、态度、习惯。一门课程一般可以有1至2种态度类的经验，就可以实现虚实结合。

信念

　　信念是任何一个优秀工作者都必备的精神特质，常常可以决定其个人角色发展的强劲程度、使命意识、行走高度等。

　　信念更是一个人强大的内驱力，尤其在困境来临、资源短缺、技术不足、经验不丰的时候，都可以凭借信念找寻解决方法，探究工作规律，形成使命意识，为坚持将复杂的工作做到底、做成功，打下夯实的精神地基。

　　所以，一个好的管理者，不仅懂得用绩效来管理和激励自己的下属，更常常懂得用信念等来激发下属的工作动力，从而令其摆脱一时的精神不振、态度沮丧等，扬起前行的风帆。

　　在经验萃取的过程中，针对企业内训师的成长，我们也需要一种强大的信念，能够萃取出实用落地的经验，能够带领每一个学员产出优质的成果。

价值观

人人都有一份价值观，积极向上的价值取向，是可以确保我们在工作中秉持怎样的工作精神——是以积极的心态投入工作，还是以消极的观念怠慢工作？这二者的结果是大为不同的。以积极健康的心态面对工作，可以更好地发挥自我的主观能动性，进而在遇到各种问题时不退缩，想办法去解决问题，最终让问题得以解决，个人也在攻坚的过程中积累丰富的工作经验。

而如果我们是以消极的、应付的观念去工作，带着一种"做一天和尚撞一天钟"的消极念头，在遇到困境的时候得过且过，不思进取，不想办法，其结果注定是消极的，不仅困难不会改变，问题不会解决，人的能力也会迟滞不前，不能有丝毫的进步。

可见，价值观决定了我们对待工作的态度，是以良好而积极的价值观面对工作，还是以低劣而消极的价值观去应付工作，非常值得我们思考。

道德

如果说规则是一种硬性的规定，是对人、对公司、对工作本身的一种束缚，令我们只能在其规定的条件中去完成的话，那么"道德"则是一种软性的约束，一种自我的、内在的要求。这种内在的要求越高，越能展示出一个人的道德境界，彰显出一个人的真正素质。尤其是在没有任何人约束，全然需要凭借一个人自觉的时候。

中国古人讲究"慎独"二字，体现的就是一个人和他自我的相处之道。

当我们和别人在一起的时候，会本能地、努力地去展示自己最好的一面，说动听的话、做漂亮的事（包括真正做实事）；但当我们没有任何约束时，比如游览名山大川时，我们是否会约束自己，不在名胜古迹上乱涂乱画？实际上，不是每个人都能做到的。

再比如，当你一个人在单位加班的时候，是以极高的道德要求自我，以高效率、全身心地投入来完成工作，还是以消耗时间、游戏心态来混日子？在这种时候，是没有人约束你的，日常的规定也只能凭借自己的道德来约束，就需要你更高的道德境界。

就道德境界而言，以下几种是常见的。

一是个人品格。个人能否经得起组织的考验，将自己全部的能力投入工作，不隐藏自己的观点和能力？

二是职业道德，也是职场中的一些规矩。有的人在老板在的时候便表现得认真一点、好一点，在老板不在的时候会更自由散漫，不以全力去工作，这就是典型的职业道德问题。再比如，上班时间经常性的迟到，或经常性的早退，"坦然"地利用公司规章制度的一些漏洞，这些都是典型的职业道德问题。

三是社会公德。我们都是社会的一分子，每个人都有一份社会责任在其中，只有按照社会公德的要求来严格要求自己，才能体现出一个公民的基本道德，比如在公路上开车时，随意地将垃圾袋扔出车窗，就是一种典型的违背社会道德。再比如在全社会推广垃圾分类的今天，依然不将自家的垃圾进行合理分类，而直接扔到垃圾箱中，到是违背社会公德的一种表现。

在课程当中，当我们去展示上述素材时，可以利用"新闻图片""视频动图"等进行丰富，进而给使用者直观的印象，促使学习者、使用者可以真切看到上述"道德"中的具体问题，从而避免单纯说理显得空泛。

态度

和上述的信仰、价值观、道德等比较宏大的层面相比，"态度"本身是更为具体、更加直接的东西。对经验丰富的讲师来说，站在讲台上就可以将现场每个学员的态度看得真切，再结合大家在作业环节、作答环节的表现，完全可见其对学习本身的态度。

常见的态度可以有如下的分类：

1. 认真、严谨

认真和严谨，永远是学习者应该坚守的态度。不管你来自基层、中层还是高层，只要坐到了学习的课堂中，便是一名学习者、是一个学员，就需要暂时告别其他的身份，只保留一个身份——学员。

学员即学生，是需要通过认真和严谨的态度来完成学习内容的。

在这一点上，不少公司做得很好，在邀请萃取师、讲师等登台讲课之前，便已做了大量的工作，对课堂纪律有了明晰的要求，会结合公司自身、学员群体的精神态度等，指定科学合理而又细致的纪律说明，并要求大家严格遵守。但在有的公司中，部分学员丝毫意识不到纪律的意义和价值，从而影响其自身的学习效果。

2. 粗心马虎

这是一种需要改变的态度，是一种不认真、不严谨的工作和学习作风。学习是自己的事情，受益的并非别人。但总有一些学员在思想深处，没有真正重视，或者以一种傲娇的心理、无所谓的心态来学习，导致其学习的效果无法保障，也不能真正领会课程中的精髓。所以他们在遇到真正的问题时，便会吃不准、拿不定、搞不清，不知该如何应对。这种学习效果，对公司的课程组织者完全是一种辜负，着实不该呀！

当然，也有的人自学生时代便养成了马虎的习惯，对什么事情都难以形成精确的认识，满足于一般性的理解，不肯深入事物之中去探究更深层次的规律，所以才无法保证真正的学习效果。

这种马马虎虎的学习精神是可以改变的，要朝着认真、严谨的，绝不放松自己的方向去改变自我，从而让自己成长得更快一点。

3. 敷衍、对付

这是最差的一种学习作风，明明自己可以学得很好，明明自己有进一步提升的空间，能进一步提升自我的能力，但面对学习却保持敷衍的、对付的态度，其结果便是，能不做的就不做，能做好的就只满足于做得一般，能躲过的任务便躲过……这样做的结果，不仅给组织内的工作造成障碍，也给其个人的成长造成了更大的障碍。当周围的同事都在进步，都在紧跟时代的步伐去学习新知，而你却不肯更进一步，只能让自己的能力、经验和思想认识，停留在昨天甚至是前天。

面对上述几种态度，我们的态度是清楚的：认真、严谨的人值得表彰，值得尊重；马马虎虎的人需要改变，需要我们的提醒和帮助，使他们尽早转变到严谨、认真的道路上去；而保持敷衍的、对付的工作和学习精神的人，要批评和教育相结合，促使其尽早转变，尽早认识到转变的好处。

习惯

一个岗位的工作，其许多内容都是"习惯成自然"。这既表示，我们的不少工作，其实存在着大量重复的现象；更说明，习惯在我们的工作中有着不容忽略的力量。

道理很简单，一个员工十年里从不迟到，对待工作认真、严谨，达成这种效果的，其中最大的一股力量便是习惯。人都有慵懒的时候，但你形成了早起的习惯，你的生物钟会及时提醒你；你想逃避一项工作时，你过往的好习惯会跳出来指责你，让你迎难而上，选择不退缩。

那么，在工作中有什么好的习惯需要养成，需要保持呢？不同的课程中，可能针对不同的场景推出不同的习惯类型。

1. 不拖沓的习惯

今日能完成的工作，绝不要拖延到明天。因为明天还有明天的事情，如果你拖延到次日，也许可能接到单位一个指令需出差半个月，出差之后你忽然发现，某项工作因一时拖延而错过了最佳的解决问题的时机。

2. 终身学习的习惯

终身学习在今天，绝不再是一句空话。时代在科技的快速发展中，早已是一日千里；各种新知、新的模式、新的思路层出不穷，需要我们花时间去了解、认识和运用。如果你还想把大学四年所学的东西，用来支撑自己工作一辈子，简直是不可想象的，毕竟不少知识在你迈出大学的那一刻，就已经落伍好几年！

终身学习在今天不仅是可能的、可以的，而且是一切进步人士必需的。比如你想从事自媒体行业，做一个斜杠青年或中年，仅有一点输出经验、内容的本领是不行的，必须随着时代的变化、平台的蜕变，快速给自己充电，既要了解特定平台的新规，也要跟踪和学习相关的知识，从图文到音频，再到视频、短视频，直播带货等知识，都可以进行一番学习，运用到自己的工作中。

所以，别再指望一项技能用上几十年，能用几年已经不错。

3. 积累人脉的习惯

这尤其对营销、客服、管理等和人打交道的工作者息息相关，积累人脉的意义，不仅仅是拥有更多的人脉资源，其本质在于读懂人本身，能在人性的高度中去认识自己的工作，从而养成与人打交道的各种好习惯。

4. 反思总结的习惯

好的工作方法，其实都是总结出来的，养成了"善于总结"的习惯，就能很好地提升我们的工作能力。

总之，在我们的课程中，需要长远地看学员需要养成什么样的行为习惯，这是至关重要的。结合课程本身，可以进行多个习惯的列举，从而体现出丰富的课程内容。

第五章 | **chapter 5**

素材：多样素材有趣味

如果说内容是"干货"，那么素材则可以称之为"湿货"。一门好的课程，常常是将"干货"和"湿货"相结合的结果。当然，其中的"湿货"也就是这些素材可以更好地体现干货内容，增强其表现力、趣味性。这些素材主要由三种类型构成的：文字类、图片类、音视频类。

文字类素材

当我们提出了一种观点，甚至是一种思想的时候，我们需要通过文字来证明它。就像我们写议论文一样，我们的观点是全文的核心，是文章得以存在的根据，但要想让读者更好地认识自己的观点，势必要经过大量文字性的解释。同样，我们研发课程也是如此，需要大量的文字信息证明我们的观点是正确的，这种起到解释、说明的文字信息，可以有新闻、数据、名言、案例、故事、类比六种常见的表现形式。

新闻：新鲜切合主题

新闻是新近发生的真实事件，新闻是专业记者和媒体机输出的内容，可以满足读者对事件性要闻的阅读需求。所以，多年前我们通过报纸、广播、电视等媒介来阅读新闻，了解社会百态；而今天，我们更多是以电脑、手机等阅读新闻，可以在第一时间知道全世界正在发生的事。

一则新闻的发生，我们可以对它进行多个角度的解读。比如，某国的新冠肺炎患者突然暴增，令人咋舌。我们可以从社会、文化、管理、医学、技术等各个角度去研究其发生的原因，尤其从我们擅长和能力允许的角度去认识新闻。

在课程研发的过程中，以新闻事件来导入、证明自己的观点等，是丝毫不新鲜的事情。毕竟，新闻的本质是突发事件，能引起读者的好奇，能引发读者的思考，也就自然地可以满足课程的学习者、使用者的兴趣，成为课程中的一种重要素材。

比如，在公司的消防安全知识课程方面，我们可以使用以下的新闻素材。

2020年8月29日晚，吉林省吉林市消防救援支队官方微博发布官方通报：2020年8月29日早7时39分，吉林市消防救援支队指挥中心接到报警称：吉林市船营区碧水山城二期50号楼二单元12楼左门发生火灾。

市消防救援支队立即调派5辆消防车20名指战员赶赴现场救援。7时45分，首批救援力量抵达现场，按照救人第一原则，立即开展火灾扑救和人员救治。经过近1小时的救援，火灾被扑灭，事故造成1人死亡。

目前，公安、消防部门已迅速开展火灾原因调查和责任认定工作，并对该小区物业管理公司相关人员和涉嫌占用消防车通道的违法嫌疑人进行传唤，相关部门将对其依法从重给予行政处罚。

在使用新闻事件的过程中，以新近发生的新闻事件为好，这样的素材更加新鲜，但在一个行业中的重大新闻、要闻事件，也可以采用部分历史新闻，体现出一种典型性。

数据：权威有出处

数据，是由一些数字构成的，用以体现行业的、公司的、产品的等方面的数字型信息，是对某些数量的真实体现。比如，截止到 2020 年 8 月 30 日下午 3 时 28 分，全球新冠肺炎疫情病例累积达到 2511756 例，其中美国超 600 万例，巴西 384 万例，印度 354 万例……该数据出自今日头条"抗疫频道"。在这样的数据统计中，读者可以清晰看到全球病例的总数，以及部分国家的病例数字，对我们了解病情有真实的指导意义。

数据的作用主要有以下几个方面：

1. 体现成绩

成绩是可以量化的，就是说可以通过数字、数据来体现，进而彰显出成绩的具体性。比如，截止到 8 月份，已经为 26 名课程学员成功规划资产，信托资产规模达到 3600 万元。在这里，用数字 26 名和 3600 万元体现出工作的成绩，非常具体，给人的印象是深刻的。

在用数字体现成绩的时候，注意不要单纯使用一个数字，使用多组数据是更好的，可以综合地表达成绩的量化情况。

2. 对比变化

通过数据之间的比较，可以鲜明地体现出某些变化来。比如将本月的数据和上月的进行比较，将本月的数据和去年同月的进行比较，这些都可以体现出某些工作方面的变化。这些看似枯燥的数字，在比较后从某些角度进行分析，从多个角度查看其内在的原因，可以得出某些数字背后的变化，从而根据不同的情况，进一步去挖掘工作、补充工作中的细节等，提升工作效能。

比如，2020 年 4 月的销售业绩，其增速数据较之去年降低了 6%，为什么增速有所下降，且幅度不小呢？主要原因是受到新冠疫情影响，线下客户的购买行为逐渐转移到线上，而我们的线上销售尚未全面打开造成的；但竞争对手在线上的电商已经逐步成型，较之我们更快一步，希望我们能抓紧时间，快速完成线上销售的布局，完善其销售模式等。

3. 支持观点

数据可以很好地支持我们的观点，从而有效地诞生某些市场决策，要知道：科学的市场决策，都必须有一定的数据支持才行。比如对公司的新媒体账号来说，只有以特定的频率做一点用户喜欢的活动，才能更好地实现拉新和留存的目标。这个观点是受到大家认可的，也似乎是一个常识，但能拿出新近活动的数据，展现其对拉新和留存的实质效果，才能更好地说明问题。比如在今年的五月和六月，我们连续做了四次网上活动，从其活动日的后台数据看，日常增长在 100 人的账号，在活动当天和结束后两天内，用户都迅速增长了800 到 1200 人；且取关的用户数明显降低，从后台的数据中可以一目了然地看清这一点。

以上几点是关于数据的意义和价值的，在我们的课程中，某些主题、环节都需要一定的数据支撑。在一门课程中，能有几组数据来支撑某些观点就是很好的，不必集中大量的枯燥数据，那样对学员学习也是一种障碍。

另外，我们的数据来源必须权威、可靠。如果是外部的行业数据，可以从权威的行业网站的统计数据中取得，并在课程中予以表明；如果是公司内部的数据，可以在给出数据的同时，截图展示，进而体现出数据的可靠性。

名言：大咖言论

普通人总是容易受到各种大咖言论的影响，并会在自己的工作和生活中引用大咖言论，以指导自己的工作，强化自己的观点，增强对人的说服力等。

这似乎是工作和生活中的一个常识。

历史上，历朝历代的名人格言都受到人们的欢迎，不仅是普通人欢迎，专家、学者、官员等都深受其影响，比如司马迁在《史记》中的名言：人固有一死，或重于泰山，或轻于鸿毛。这个经典的句子就曾出现在毛泽东的名篇《为人民服务》中，进而证明"张思德同志是为人民利益而死的，他的死是比泰山还要重的。"

在今天，以马云、史玉柱、柳传志、任正非等为代表的中国企业家，他们的言论、语录在市场上、职场上都很受欢迎。比如马云曾说的"人还是要有梦想的，万一实现了呢"对不少创业者有很强的鼓励作用；对职场上拼搏奋进的年轻人，也有很强的激励效果，这是可以出现在我们的课程当中的。

当然，不是说我们所引用的格言必须出自马云、史玉柱、柳传志等这样的名人、大企业家，有一些观点非常有价值，但其作者只是在特定的行业内知名，并非全社会范围的"名人"，也是可以引用的。包括一些并不非常知名的专家、学者的思想和观点，古今中外的都可以引用，只要其格言、语录是适合我们的课程的，可以为我们的课程内容服务，都是可以的。

这就要求我们日常时间可以多读书，或从互联网的内容中得到某些格言。最简单的方法是：通过检索工具进行检索，可以快速找到某些适合课程的格言，但需要你仔细辨析、查看，确实符合我们的课程的，才能加以引用，并需要和讲解的内容非常契合，尤其需要我们课程讲解者吃透其格言的内容、意义，有时甚至需要查找该格言的出处、故事等，从而让我们的课程内容更加生动、精彩。

注意：使用格言，不要过量，不要堆砌大量的格言，这是不妥的，只有在非常适当的"内容页面"，包括引导话题时，才可以引用一句，进而引起学员的注意。

案例：必须是真实发生的

用案例说话，在课程中不仅常见，而且容易成为课程讲解中的一大亮点。想一想看，如果我们是一名学员，在面对讲师滔滔不绝的理论灌输时，我们多希望有真实的案例出现啊！

将心比心。在我们开发课程的过程中，需给出某个或某些真实的案例出来，如此可以更好地将学员带入故事化的场景中，进而带入到真实的工作场景中。

首先，我们要说明一点：案例必须是真实可信的，不可以通过虚构的方式编写案例，那样做不仅是对课程使用者的不负责，更是对课程开发本身的不尊重。实际上，对开发者来说，案例是从不缺少的，只要梳理过往的工作经验、经历，便不难找到相关的真实案例。

1. 案例的主题

案例是有主题的，是围绕一个主题展开的，如果没有一个特定的主题，不仅案例内容本身是松散的，意义不大，而且更没有针对性。所以在课程开发中使用案例，必须根据主题找案例。

比如，针对紧急项目开发的主题，可以选择那些在时间紧、任务重、条件差的情况下完成的案例，以这样的案例来解释我们的课程内容。

2. 案例的结构

案例是有结构的，这种结构是因其真实发生过程的曲折性，而导致在叙述、撰写时，必须突出这种转折，并且介绍其背景、任务、过程、结果等多个要素，从而保证案例在结构上的完整性。当然，我们可以根据课程内容的承载需要，对上述要点可简可繁，来把案例写入我们的课程。

（1）概述

案例介绍是针对案例发生的时间、地点、人物、事件等，完成的基本概述。常常是可以用一句话来完成的，比如，2018年8月，我们的团队完成了GM2.0耐热钢涡壳紧急开发任务。

这里有具体时间，有潜在但省略了的地点，即工作单位；有人物即我们的团队；有事件本身即完成了GM2.0耐热钢涡壳紧急开发任务。

（2）背景

背景是在接到工作任务时，人（含团队）的状态和事情本身的现状，需要我们客观地描述，如接到工作时有某些条件不具备，是可以写出来的，需要做什么准备和调整等，也是可以写出来的。比如，事情当时的情况是：开发任务紧急、工作难度大、质量要求高；而整个团队的知识储备不足，需要快速补课，才能正常进入开发状态等。

（3）任务

任务是说在案例中，需要个人或团队去完成的各项工作指标，如确定开发的标准、对标质量标准、制定实施方案等。

（4）过程

案例中的过程，是说将任务分解成若干条，梳理并完成任务环节的过程中，我们是怎样展开工作的。如上述的紧急项目开发案例中，其过程包括了：传达项目信息、组建团队、指定方案、优化工艺、客户交流等各个环节，需对每个环节有一个简明扼要的交代，便于学员清楚认识其过程。

（5）结果

一个客观的结果描述，案例中的事情最终成功了还是失败了？需要从事情的角度予以描述，同时需要从人员的角度写出成长、教训等体会。比如在上述的紧急项目开发中，其结果包括了：项目开发很成功，得到了客户的认可，创造了经济价值，整个团队有了更大的工作信心等。同样，每一条都需要一点文字来展开叙述，能简明扼要，令学员明白是最好的。

此外，除了用文字来表达案例中的各项内容，我们还要注意在讲解的过程中，如何将一个案例素材讲解得生动有趣，甚至是将其过程讲解得跌宕起伏，从而引起学员强烈的好奇，以便学员更好地领略案例的来龙去脉，从而对标自己的工作，将其更好地带入到特定的工作场景中。

3. 案例的问题

案例描述过后，或者在讲解之后，需要提出一个问题，一个非常明确的问题，去引起学员的思考。

需注意的是，这个问题既要基于案例而提出，又要跳出案例内容过于具体的局限，实现一种超越，比如从个案上升到一类问题的解决，从一件事中提出具有普适性的大问题，比如上述的紧急案例开发中，在讲解具体的情况之后，我们可以提出这样的问题：面对突然降临的紧急任务、项目时，我们该怎么做？

要想回答这样的问题，可以和课堂上的学员进行一番活动，从而使其围绕案例却又能跳出案例，对上面具有更大普适性的问题进行个性化的回答，从大家的回答中可以看到更丰富的思考、更精彩的答案。

故事：虚拟改编的是故事

故事也是极好的课程素材，只要是符合课程内容的整体故事，是可以将其纳入课程中来的。故事的种类很多，寓言故事、历史故事、中外故事都可以是很好的课程素材。和上述的真实案例相比，故事的好处之一，是可以经过自主的改编，进而使之更好地适应课程的主题。

我们以"坐井观天"这个大家稔熟的故事为例，来解释故事在课程中的意义和价值。

坐井观天最早出自《庄子·秋水》，一只常年坐在井里的青蛙，与一只飞落在井沿上歇脚的小鸟争论天的大小。小鸟说自己从天上来，飞了一百多里，下来找点水喝。青蛙不信，认为其吹牛，天不过井口那么大，怎么可能需要飞一百多里。小鸟纠正它，天空其实很大，无边无际。但青蛙却固执地说道："我天天坐在井里，抬头就能看见天，我怎么可能弄错？"

故事中的青蛙坚信抬头就能看见的天空，怎么可能有小鸟说的那样大呢？这其实涉及一个人的"认知问题"，当我们以自身十分有限的经验来认识问题的时候，其实我们的认知是很有限的，难以突破。尤其是深受狭隘经验影响的时候，这种认知可能让我们产生顽固思想，从而抗拒学习，抗拒进一步的正确认识，所以提升我们的认知能力，扩大我们的精神视野是非常必要的。

在这样的素材中，故事必须导向一个主题，引起一个话题，从而体现出课程的意义和价值。这就是故事的魅力，实际上故事对学员的吸引力是极高的，能将学员从不大喜欢的抽象道理中解放，进而有更轻松的课程体验。毕竟，好的故事人人喜欢。

类比：通俗类比好理解

当抽象的经验表达难以吸引学员注意的时候，我们可以通过类比的方式进行解释，从而让讲师对经验的解读更生动、具体。

比如，口诀化就像调料，调料不是主菜，过多不行，没有也不行。成果如雨伞，平时可能不用，但用的时候得有，要不然就要被淋湿，千辛万苦找到避风港了，但可能已经遍体鳞伤。

类比的好处是易于理解，生涩难懂的术语、新术语是可以进行类比的，一般来说一个课程，有 2~3 处类比就可以的。

图片类素材

　　和文字类的素材相比，图片类的素材更有视觉的冲击力，能更好地吸引学员的注意力，从而引起精神的共鸣。图片类的素材主要有三种形式：照片、图标和动图，每一种都有着特定的意义和价值，可以在课程中配合使用，不必过于单一。

图片

　　图片的意义主要在于，配合主题进行形象化的解释。其次，部分图片是由开发者自行拍摄，用来呈现某些具体的内容。比如一张关于建筑结构的真实图片，可以形象地指出其设计结果，再辅之以一定的设计理念，便能让学员更清楚地知道该建筑从设计思路到方案落地的各项内容。

　　图片的素材使用，应遵循以下几点原则：

1.图文结合的原则

　　图片的使用和文字性主题需结合起来，实现高度匹配才好。图片不能只起到一种衬托、点缀的作用，即使在极特殊情况下也可以考虑使用，但图片的首要意义在于图文结合。

比如，在"资金安全管理"的课程中，开发者课程中涉及资金的安全问题时，给出了这样的一个指导意见：收费员应将收到的现金及票据放置在带锁的保险柜中保管，并将钥匙收好存放。不能放置抽屉中，以免发生现金及票据的丢失。应加强培训，增强资金安全意识，杜绝人为造成资金安全隐患，使得资金安全管理办法能有效落地执行。开发者在课程中就配上了保险柜的图片（如图 5-1 所示）。

图 5-1 资金安全管理中的具体要求页面

在如图 5-1 所示中，我们既能看到课程中的主题，给出的提醒和方法，也能看到实现的工具——以图片方式展现的保险柜，虽然图片看起来不是很亮丽，但真实，是开发者自行拍摄的一张真实照片，这样的做法是值得提倡的，可以真实地反映出工作现场的情况，给学员真实的、切实的指导。

2.图片版权问题需注意

虽然图片有着"一图胜千言"的良好效果，但如果我们在课程中使用了具有版权的图片，是很容易引起纠纷的。毕竟在公司中开发的课程不仅仅属于开发者自己，其知识产权属于公司，或公司与开发者共有，如因图片、文字等版权问题，会给公司和个人带来极大的麻烦。

这就提示我们：在课程中使用的任何一张图片，都不能侵犯他人的版权；或者自行拍摄，拥有版权；或者查找无版权要求的图片。好在今天的网络资源中，有一些图片库是可以在课程中引用的，并不会引起版权纠纷。我们可以在网络中搜索一些专业的图片网站，根据其要求来使用，从而可以有效地避免版权问题。

3.图片清晰度要高

在使用图片的时候，我们要尽量使用原图。这看似是个简单的问题，但在我们实际操作的过程中，发现许多学员满足于将截图放在 PPT 课程中，这样做虽然更容易，但效果很差，尤其在用大屏幕投影的时候，图片的清晰度不高，直接影响 PPT 的总体质量。

为了让清晰度达标，我们可以考虑如下几种策略：

（1）下载网络上的原图，查看其属性中的文件大小，一般在几十 K 的图片往往都不是原图，一般需要数百 K，或至少 1M 以上，其清晰度才有保障。

（2）可以自主拍摄一部分图片，自己拍的图片，只要不是用太差的设备，就不存在像素不高等清晰度问题。

（3）使用修图工具，如 PS 等进行修图完善。这对日常不经常接触 PS 等软件的学员是一个障碍，但我们可以尝试使用,对修图的基本流程有一个认识，逐渐学一点这方面的知识，从而弥补图片清晰度差的问题。

动图

随着时代的变化，今天的学员早已不再满足于由静态图片和文字构成的 PPT，更多的动图已经成为 PPT 课程中的必须。人们也常常说：文不如图，静不如动。后一句中说的就是动图的优势胜过传统的静态图片。

动图，又被称之为 GIF 图，是以常见的格式命名的。

1. 动图与主题相关

可以整张地出现在一页 PPT 当中，从而"放映"给我们的学员看。但这里要强调一点：动图的出现，需有鲜明的主题指向，毕竟动图是在动态中呈现情节的，不要过于复杂（如有些复杂，可以结合讲解），要让我们的学员第一时间明白动图的含义，由此清楚地知道其中的主题指向。

如果学员不能很快知道动图的含义，就会陷入一头雾水的境地，加上讲解师还解读得比较不精练、不透彻的话，则学员很容易在学习中掉队。

2. 动图使用可连续

可以连续用多张动图，但也不要过于集中，数量不要过多，否则在连续的动图中，容易削弱学员对主题深度的理解，从而陷入动态情节的观看当中，就像在播放无声的电影一样。

同时，动图的时长要有所控制。我们在网络上下载的动图，常常都是很短暂的，但如果我们利用软件，将影视剧中的一段情节转成了动图，就必须考虑其时长，绝不可过长。

过长的动图意味着情节的复杂，更适合用视频本身来展示，而不必以动图的方式来呈现。动图和后续要讲到的视频素材的一个不同，就在于它的呈现时间短暂、内容简单，但能明确地"吐露"课程内容的主题。

3. 平时要搜集和制作动图

想要在课程中贴切地使用动图，需要我们在日常工作时加以留意，可以把和自己工作相关的、有趣而有主题指向的动图收藏起来，以备我们在课程中运用。

也可以将影视剧中的合适片段，使用格式工厂等工具软件进行格式上的转换，使之从 MP4 的格式转成 GIF 格式，从而自制动图素材。

图标

和照片、动图相比，图标也是课程中常见的一种图片类型的素材，只不过图标的价值常常不在其"内容"本身，而是起到一种"路标"的效果，从而让 PPT 页面更有层次，尤其是在多个要点以简练的语句呈现的时候，每个要点辅之以一个特定的图标，其形式的效果是极佳的。

如图 5-2 所示中的 PPT 页面中，开发者将"寻找帮助"细分成四个要点，分别以短句来完成，这就是"先汇报""说难点""求支持""强协作"，其中每一条的前面，都安排了一个图标。值得注意的是：图标常常是以抽象的图示来体现的，但其展示的内在含义需一目了然，更需要和所撰写的条目内容高度匹配，所以，在使用图标的时候，要注意不要使用一个统一的图标，要根据条目的含义来完成图标。

如何找到合适的图标呢？

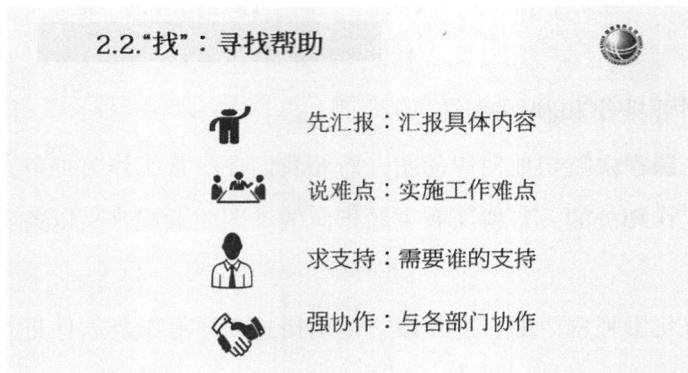

图 5-2　PPT 页面

1. 搜索图标

通过搜索引擎输入关键词，就会找到相应的图标，然后在粘贴到 PPT 当中时，对其属性中的大小进行统一设置，从而实现多个图标在规格上的整齐划一。

2. 利用第三方软件

比如常见的美化大师等，通过一个关键词进行查找，可以集中检索出大量的适合图标，然后再设置其规格大小，从而达到统一其规格的效果。

3. 自行设计图标

这是比较高的一个要求，需要课程开发者懂得设计原理，会用常用的设计软件，或通过网络设计平台，如创客贴、稿定设计等来完成对图标的设计，其门槛是比较低的，普通人可以快速上手。

音视频类素材

在我们的课程设计中，是有必要呈现出一些音视频的素材的，毕竟今天是一个视频、短视频、音频大行其道的时代，找到这种类型的素材不是一件难事。当然，和图片素材、文字素材相比，视频素材算是一种比较"重"的素材，在看过音视频的素材之后，常常需要小组成员进行一些互动，才能更好地理解使用音视频素材的目的。

视频

视频的种类超级多，常见的是影视剧中的视频、短视频平台中的素材，以及我们可以自行录制的视频素材。不管来源是什么，其目的和使用的效果是一样的。但和前两者相比，自行拍摄素材的成本更高，一般出现在某些不用设计情节的类型中。

1. 视频和短视频素材的提取和使用

要想快速提取视频和短视频素材，我们可以采用多种方法，如视频播放软件自带的录屏软件，或者手机自带的录屏软件等。

以播放软件自带的录屏功能来说，我们可以在观看的时候录制必要的视频片段，依据情况进行简单的剪辑，再放入我们的课程中来。

比如，在开发底层逻辑的有关内容时，我曾将电视剧《潜伏》中的一个片段提取出来，其片段讲的是余则成在潜入天津前，与上级领导的几分钟对话，说的是余则成请教上级，当自己的工作遇到危险时怎么办？上级领导将其工作的底线和盘托出，在自身遇到危险时，可以立刻停止工作、确保自身安全，终止工作等，这些内容可称为"潜伏工作中的底层逻辑"，是以潜伏者自身的安全为底线的。

2. 注意视频录制的时长和素材特质

视频作为素材，以时长不要过长为原则，一般在 3 ~ 5 分钟的时间是合理的，关键的是，我们要了解视频素材的一个特质：片段性和完整性的结合。所谓片段性是说，视频是截取自更完整的视频的，它展示的只是一个片段，但同时，该片段应该有一个情节上的完整性，而不能是零散不全的内容，那样容易给学员一头雾水的感觉。

仍以上述例子来说，我所截取的片段，是影视剧《潜伏》中的一个桥段，讲的是余则成向上级领导请示自身工作的底层逻辑，其内容虽是一集中的一个片段，但其情节是完整的，可以让学员清清楚楚地知道底层逻辑。

3. 注意问题的提出和师生互动

前面说过，视频素材是比较"重"的素材，就是说其内容的分量重，较之一张照片、一张动图等更占用课堂时间，这就需要我们细致地分析视频，所以在设计课程时，有必要在视频过后提出一定的问题。

问题的数量不宜过多，一般在 1 ~ 3 个就可以。

　　问题需围绕视频中的情节、对话、场景等内容展开，但最好导向更具普适性的一面，从而引起学员的深度思考，最好能跳出视频素材本身的设定，打破影视剧固有的情节思路，从而导入到大的问题上来，比如上述关于《潜伏》的视频，我们可以提出如下问题。

　　问题1：你如何理解工作中的"底层逻辑"？
　　问题2：底层逻辑对我们的工作，有怎样的切实价值？

　　针对提出的问题，我们可以和学员进行简单的互动，比如向某小组中的成员提问上述问题中的一个，邀请其作答。

　　在学员作答之后，我们作为讲师，必须给出自己的意见、看法，从而形成一个问答和点评的闭环，不能只有学员的作答，却缺少讲师的点评，最终再将我们观看上述视频、设计上述问题的目的做出解读，从而扣到整个课程的主题中来，实现一种有效的衔接。

音频

　　音频素材，较之视频是不大常见的。音频没有视频直观、清晰可见的画面，似乎存在着很大的劣势。但音频素材在某些场景中非常常见、常用，能起到一种视频所不具有的神奇效果。

　　比如，在客服与用户的对话中。这个场景本身是不存在视频画面的，双方只能通过声音来交流，传递信息，且这一场景在许多公司内是每天存在的。

　　对课程化来说，音频素材可以再现真实的客服和用户之间的对话，从而启示我们如何与用户打交道，是经验萃取课程中，在"话术萃取"时最常见的一种方式。

当然，我们开发课程可能遇到更多场景，需要以音频来做素材的时候也是不少的，比如通过一段旋律优美的音乐，开启一段课程之旅——导入内容，也是很别致的选择；比如以一小段的评书故事，来开启一段"历史故事"材料，进而提出问题，引入话题，也是可行的，全看我们的课程是否有这样的现实需求。

和视频使用一样，在音频素材的使用过程中，也常常需要提出一两个问题，去引起学员的思考。

第六章 | **chapter 6**

道具：自制道具有惊喜

课程在开发后，除了匹配素材库，还可以自制教学道具，辅助教学内容，让学员更好地理解课程。道具可以分借用现成的和自制的教学道具。

借用道具

借用道具，指的是把现有的学过用过的教具，直接借用到我们自己的课程中来。

象征物

象征是文学中的一个表现手法，其本质是"以物示意"，通过具体的物件、物品、颜色等展示、体现某种抽象的、内在的深意。比如著名作家高尔基笔下高傲飞翔的海燕，象征无所畏惧的革命者形象；常见的红色象征着喜庆；黑色象征着痛苦等。

在我们的课程中，可以通过一些具体的物件，来凸显出它的象征含义，从而为我们的课程服务。比如一件白大褂、一个听诊器可以是象征物，从而引领学员进入到医学工作者的工作场景中。

在实际的课程中，利用一些现有的玩具、模型等具备象征的条件，对整个课程的讲解，有着很强的实际效果。比如，×车集团是以制造高铁重要部件为业务的，有大量的工程技术人才，在经验萃取的课程中，我们可以用"高铁模型"，以及某些特定的零部件模型，来作为教学中的教具，从而引起学员生动的联想、想象，进而对解决课程中提出的各种问题，做一种教具上的支持。

角色玩偶

和上述具有象征意义的物品、符号等不同，一些可以角色化的玩具、玩偶等，完全可以成为我们教学过程中的主要道具。

这个道理其实很简单，我们可以想象在幼儿园中的孩子，幼儿园的工作者在他们的教学中，最常采用的便是各种代表角色的玩偶，比如公主故事中的公主、王子、狼等形象，这些都能让课堂的讲解更具形象感，从而让理解力不是很强大的孩子听得懂、印象深。

在以成年人为主要对象的职场课程中，我们在课堂中的讲解，依然可以采用这样的方式。比如在一次关于"认知方式"的课程中，培训老师将"井底之蛙"的故事作为素材，体现在自己的课程中。这是一个人人皆知的成语故事，也是一个有趣的寓言故事，大家异常熟悉。熟悉的地方没有风景，学员是难以对这样记得滚瓜烂熟的故事有多大的兴趣的，但培训者别出心裁，将一个青蛙的玩具和一只小鸟的玩具拿到课堂上，在简单复述这个故事之后，邀请两名学员登台扮演，其中一人手持青蛙，另一人手持飞鸟，让他们以对话的方式重新演绎"井底之蛙"的故事。

熟悉的地方也有风景！教具的别致引起了学员的兴致，讲师则针对他们的演绎做一些评点，并快速推出主题：个人的认知问题。

这就是角色化的教具能起到的意想不到的课堂效果，值得我们学习和效仿。

实物物品

上面所讲的角色化的物品，是以玩具、玩偶等可以充当角色的东西展开的思路，是对教具的一种认识。其实，在实际教学中，我们也可采用一些实物物品，来展开精彩的教学活动。这是容易理解的，在音乐、美术和体育的课堂上，都是以实物如钢琴、画板、足球等展开的，这些东西是实实在在的教学用具。

在我们的萃取课堂中，也是可以应用实物来展示和讲解的，比如在解决某些零件的故障方面，课程开发者不仅可以展示零件容易出问题的部位的照片，更可以将零件拿到课堂上给学员查看并讲解，从而可以在共创式萃取的课堂中，可以就具体的问题进行综合分析，从而找出排除故障的方式方法。

再比如，在公司消防安全知识的课堂上，讲解者不仅可以播放一些火灾现场的视频，给出一些逃生的方法，更可以现场演示如何使用各种灭火器，至少对干粉灭火器等常见的类型，做了现场的演示，这样给人的印象是极为深刻的。

实物物品的教具，其根本的要点在于：它是课程中不可缺少的一部分，是学员在真实操作过程中的真实器具、必备物品，极具真实性，给学员的印象往往是最深刻的，甚至是终生难忘。

海报架、小黑板

海报架、小黑板，其实是在培训教室中常见的东西。不要说在专门培训的教室中，就是在许多公司的会议室中，也常常备有这些。其目的在于，它们可以很好地协助内容的演绎、呈现，从而让现场学员看得清楚、印象深刻。

海报架、小黑板等教具，完全是一种辅助性的教具，在使用的过程中，需要首先将学员的目光充分吸引过来，然后由讲师或邀请学员使用它们来演示、讲解等，最后推动课程的深入展开。

以上几种教学道具，我们可以教学设计中综合考虑，具体使用什么，需要在课程开发中就予以解决，常常需要一番精心的设计，才能产生更好的效果。

自制道具

　　除了借助各种外部的、现成的教学用具之外，我们可以根据课程的需求，结合课程的内容和特点，自行制作一些教学道具，有如下的几种：沙盘、衣服、卡片、扑克、散页、海报、表格或模板和测试题等，每一种设计精良、使用得当，都可以起到辅助教学的效果。

沙盘

　　沙盘是近年来一种十分流行的教学方式，可以将角色扮演、情景演练等融为一体，有着非常直观和切实的体验过程，真正实现了将知识性、趣味性、直观性、实战性等统筹一体的教学效果。

　　开发沙盘教学体系，适合企业经营、销售、管理、产品研发等课程主题，能将系统的、连续的知识学习过程融入其中。不过，沙盘课程开发的难度较大，在开发制作的过程中，需要注意以下四点。

1.需要一个系统思维

　　沙盘是一个非常系统化的东西，不是一个环节、一个局部，而是全环节的整体构成的。所以在研发沙盘之前，必须以整体性思维关注这件事，才能确保沙盘的开发是成功的。

2. 融入必要的知识点

沙盘再系统，说到底是一个实用工具，是一种模型化的东西，在特定的场景中进行使用，以更直观的效果来触动学员，在这个过程中，学员必须充分了解和学习到关键性的知识点。所以我们在制作沙盘时，必须将大量的知识点融入其中，而不是简单地模拟出某些过程性路径，必须以设计的思维将知识点穿针引线般地融入其中，才能对学员学习真正起效。

3. 考虑沙盘在课程中分量和价值

沙盘是极好的工具，其开发过程耗费时间，其制作也是有一定成本的，所以必须考虑沙盘在课程中的分量和价值，能达到的效果，使用的时间等。整个过程必须首先做出安排，以促使它在课程中占有既定的分量。在多大程度上指望沙盘完成你的课程内容？在什么时间让大家回到你讲解的课程中来？

4. 考虑互动的流程和人员等

沙盘的使用，需要学员亲自参与，一般这样课堂的氛围很热烈，这时我们要思考沙盘特有的互动特色，从而切实安排学员（如人员数量、先后等）进行沙盘工具的使用和演练，从而让整个课堂内容有序开展。

衣服

衣服、鞋帽也可以是教具的一种，能很好地体现出培训学习的仪式感。当然，衣服鞋帽不必准备得过于复杂，那么如何在培训中将以衣服为代表的教具发挥更大的价值呢？

企业组织一次较大规模的培训活动时，可以将公司的 Logo、课程名称或要点等印制在文化衫上，从而以醒目的文字、图案等来提醒学员，达成一种富有仪式感的效果，这种方式常常更令学员难忘。

能将企业的 Logo 和课程名称、要点或口号印上去，可以有效达成一种文化上的默契，提升培训效果，考虑上述要点的综合使用，以及简约风等服装风格，能更好地彰显公司的文化和战略。如在一次培训中，在文化衫上印制公司 Logo、"经验萃取与案例开发"的字样，可以促使学员将注意力集中在案例上，能更好地提取其个案中的共性经验，进行良好的经验输出。

同时，也可以将文化衫作为角色扮演的一种教学道具，在印制前进行统筹安排，将几种不同的角色依照颜色、口号等不同，进行有差异地印制，体现出鲜明的战队风，从而促使大家有更强的竞争参与意识，进而让培训的效果更有保障。

在以衣服、鞋帽等作为道具的课程中，我们必须事先做好课程设计，与主办方进行深入沟通，以确保各项环节有序展开，保证课程的预期效果。

卡片

卡片是一种轻盈而简易的知识点载体，一般不大受到量化的限制，且其制作成本低廉，能很好地承载大量的知识要点，唤醒学员对知识点的深度思考。

制作卡片需要提前设计，主要思考以下三点。

1.卡片的数量

一次课程需要多少张知识卡片，可以结合具体课程的知识点数量，参考参与课程的人数（课程设计之初可以按照人数的最大值来计算），从而确保课程中每个学员都可以接触知识卡片、使用知识卡片。

2. 卡片的知识量

一张卡片不宜印制大量的知识点，那样就失去了卡片本身小而轻、便于携带的特质，变成了一种知识过量的东西，且效果不佳，不利于学员记忆、传播。

一般来说，一张卡片中有一两个知识点是合适的，也可以考虑卡片正方面的印制空间等，但以实际效果为主要考虑方向。

3. 卡片的使用场景

如何使用卡片是卡片使用时的难点和要点，我们可以从内容、激励和收藏等角度考虑。

从内容的角度看，卡片中的知识点可以提醒学员、帮助学员记忆，起到一种辅助教学的效果，所以在课堂上可以派发一些卡片到小组成员中，针对课程中的讲解过程，将章节的关键性知识要点传递给大家。这是卡片的基本功能。

从激励的角度看，可以在课程中融入游戏色彩，使卡片具有一种激励的效果。比如在特定的时间内，如一个上午、下午，或全天时间内，统计小组中积累的卡片数量，其统计结果作为小组加分的一种参考，从而激励小组成员更积极地投入课程中来。比如，在"经验萃取与案例开发"的课程中，我们对积极输出经验的学员实施卡片奖励，将正在讲、已经见过的知识点卡片作为激励手段，便于大家积累加分条件。

从收藏的角度看，虽然卡片成本低廉，甚至完全可以自主设计、打印，但我们可以在设计环节下点功夫，从而让卡片看起来具有收藏价值。融入了知识点的精美卡片，是人人喜欢的，这对课程内容的深远传播，有着很强的现实意义。于学员来说是一种收藏价值，于课程开发者来说是一种传播价值，可谓一举两得。

扑克

扑克是一种特殊的卡片，在这里我们说的"扑克"，是借助扑克这种样式来自行制作的一种特殊卡片，而不是直接使用扑克作为教学用具，尽管现成的扑克牌是可以在课堂上作为工具使用，进而实现激励效果的。

以扑克的样式来做知识卡片，和上述的知识卡片的不同在于：扑克牌的数量是限定的——54 张，其基本样式和规格是相对固定的，在这种情况下，我们需考虑知识点的数量与扑克之间的融合，从设计的角度看，还可以利用扑克中牌的大小，来对接课程中知识点的大小、系统性等，而不是简单地将知识点印制在扑克中，这样课堂效果势必更好。

如何在课堂中使用自制的扑克道具呢？

可以参考上面对普通卡片的使用情况，毕竟它们在本质上都是卡片，有着内在的一致性。

扑克牌中的数字有大小，这是值得利用的一点，学员以某种方式拿到手中的牌，可以进行分数统计，对小组及其成员来说这是一种典型的激励。

我们需要事先给出分数统计的规则，将规则放在 PPT 页面上，在课堂中有所讲解，让大家明白其规则，便于激励和学习工作更好地展开。

散页

散页也称活页，是一种没有装订也无须装订的文档页面，一般可以是一页，也可以是多页。散页的数量可以根据课程实际来做，但不建议做多，如果多起来超过三四页，那么就有装订的必要了。

散页的好处是明显的，其制作简单，可以直接将需要的内容用 A4 纸打印出来，在课堂上发放到学员的手中。散页在使用时可以大家共同阅读，起到一种振奋人心、强化知识、导入话题等方面的作用。从而可以将一些重点内容、关键材料等融入学员的学习中，便于学员聚焦重点内容。

散页的使用需注意：

散页是供学员直接使用，一般承载较大的文字材料，比如一篇文章（数百字）；或者某种模型、导图的详细设计，这时经常需要细致的文字说明，才能体现出散页的价值。

一次培训课程中不宜有过多的散页材料，一般有一两页就可以；同时，散页的文字材料不是大量知识点的汇集，这是不必要的，而是某种值得阅读、朗读、讨论的文字材料，其中有丰富的细节。

阅读散页、朗读散页内容之后，培训师需进行深入引导，根据使用散页的目的，或展开小组讨论，或进行互动提问，或进行深入阐述。总之，不能在阅读过后直接结束，必须有一个深入散页内容、讨论学习的过程，才能真正发挥散页内容的意义和价值。

比如，制作一个关于"一次安全事故的发生过程"的散页，将其作为一个案例呈现给大家，在大家阅读过后，我们可以提出如下几个问题：

（1）该案例发生的背景是什么？

（2）事故中的主要原因，根据你的经验来判断，是什么？

（3）为了避免类似事故的再次发生，你会怎么做？

也就是说，设计几个必要的问题，来挖掘材料中的信息，以上述案例来说，可以通过几个问题体现出案例的内在结构，从而将系统的结构性知识迁移到学员的头脑中。

海报

海报是以设计思维展开的图文信息展示，比如电影海报，是呈现电影名称、明星导演、故事卖点等内容的宣传性材料，可以最快地引起人们的注意。对课程开发来说，海报也是一种常见的、值得运用的好形式。

海报的制作有讲究，和上述的散页、卡片等是不同的，其不同点主要在于：海报着眼于课程中的精要点进行展示，常常是高度凝练的信息，并配上特定的图片背景，具有高度吸睛的效果。所以在制作海报之前，必须充分提炼关键性信息，甚至可以对信息进行语言包装，如萃取课程中所学的口诀化，从而实现更好的传播效果。

海报是以综合的图文信息，高度凝练的方式呈现的，并粘贴到特定位置上的一种宣传品。所以对课程来说，可以在教室的墙壁、门口等便于看到的位置张贴。

设计海报，当然是专业的设计师才能做的一件事，但如果普通的课程开发者想要锻炼一下自己，能否通过特定的平台、软件来尝试和完成呢？答案是可以的。我们可以通过在线的设计平台，如搞定设计、创可贴等实现，主要步骤如下：

1. 整理文字信息，尤其是海报大标题、文本信息，都需要简练；

2. 登录创可贴、搞定设计等平台，设定海报规格，选择图片模板；

3. 将文字信息和图片整合起来，形成完整的海报内容；

4. 下载到个人电脑，注意图片格式，一般以 JPG、PNG 等为主；

5. 最后打印海报。

当然，上述的方法是课程开发者可以做的简单设计，如果需专业的设计，就只需提供海报中的文字信息，再将信息提供给公司内的设计师，或者以外包的方式找到设计公司，再将最终的海报打印出来就可以。

表格

表格，又叫作表单，是课程中常见的一种素材形式，能集中不少的知识要点，尤其是将某个主题下的内容进行多维度的展开时，完全可以使用表单。

在每个课程中，我们可以开发至少一张表格。可以针对整个课程的知识点，也可以是局部知识点，便于学员索引、使用。

比如某农商银行的一次培训现场，一个学员给"老年客户营销"的课程开发了一个表单（如表 6-1 所示）。

表 6-1　老年客户执行表

老年客户服务	执行要点	具体措施	注意点
营销	□ 厅堂布置	□ 传单海报 □ 礼品摆放 □ 营销专区	□ 厅堂物品摆放有序 □ 传单海报印制突出重点 □ 礼品摆放注重形式 □ 营销专区专人负责
	□ 一对一营销	□ 了解产品 □ 阐述清晰 □ 案例演示	□ 做好产品宣传文案 □ 准备产品计算公式 □ 成交历史展示

续表

老年客户服务	执行要点	具体措施	注意点
营销	☐ 一对多交流	☐ 主题多样	☐ 贴近生活 ☐ 形式不限 ☐ 知识分享
	☐ 代发日营销	☐ 岗位分工 ☐ 厅堂沙龙	☐ 工作准备 ☐ 流程安排 ☐ 时机选择 ☐ 氛围带动 ☐ 礼品发放
维护	☐ 人文关怀	☐ 预约赠礼 ☐ 新钞兑换 ☐ 礼品袋提供 ☐ 气候提示 ☐ 养生宣传	☐ 人文关怀的同时需提供优质服务
	☐ 存款专窗	☐ 服务优质 ☐ 业务精通	☐ 现金优先 ☐ 业务人员提高服务品质，第一印象优质
	☐ 礼品预留	☐ 数量充足 ☐ 种类丰富	☐ 预约时间不宜过长 ☐ 定期跟进客户 ☐ 礼品做好登记
	☐ 到期通知	☐ 电话通知 ☐ 短信通知	☐ 电话通知争取预约存款 ☐ 短信通知礼貌用语
	☐ 微信推送	☐ 推送主题新颖 ☐ 推送以视频、链接为主	☐ 少用表情，多用文字 ☐ 主题切忌重复
拓展	☐ 客户转介绍	☐ 互惠互利 ☐ 满足客户优越感	☐ 需要和客户的感情积累 ☐ 多应用于本地客户
	☐ 社区宣传	☐ 选择老年群体较多的社区 ☐ 宣传附带礼品	☐ 重在产品宣传 ☐ 活动形式多样：问答、竞猜
	☐ 企业信息交流	☐ 银企合作活动 ☐ 意愿调查需详尽	☐ 做好客户信息登记 ☐ 后期专人跟进
	☐ 异业商家合作	☐ 商家布置到位 ☐ 名片分发量大	☐ 收单商户优先合作 ☐ 海报设计吸睛

测试题

如果你曾经在所看的杂志上，饶有兴味地填写过"性格测试"之类的测试，就当知道这里的测试题是怎样的一回事儿了。的确，所谓测试题是在一个特定的主题下，针对使用者所设计的一系列问题，并以最终的得分区间来反映测试者的某种能力的大小、性格的特征、情感的维度、认知的程度等。作为课程开发者，我们完全可以采用这种方法，来实现对经验使用者在某方面的测试。

想要设计一整条的测试效果，我们要沿着下述思路展开。

1. 确定一个测试的主题

该主题是唯一的，可以导向我们测试的目标，不能以多主题的方式来进行，这是一个常识。如何保障是一个主题呢？我们可以尝试对其进行一个命名，比如"关于经验了解程度的基本测试"，如果你的命名可以完全概括其内容，则其主题是唯一、单一的，如果能以"和、并、及"等连接起来，则其主题常常是两个或两个以上的，就需要加以调整。

2. 设计问题的数量和难度

测试题是由一系列的题目构成的，在数量上大致是 10～20 个，不宜过多或过少，过多则容易给使用者造成某些心理压力，导致结果不准；如果测试题数量过少，则不能很好地反映该主题的主要测试范围，其测试结果容易是偏颇的。

难度的考虑也是其中的一个要点。可以将难易程度综合考虑一下，从简单的题目开始，逐渐过渡到比较难的题目上来，从而体现出题目的阶梯性。

3. 对结果的指标性衡量

在测试之后，常常不是以得分高低来判定测试结果，而是给出某些区间，这有助于对参与测试的人群进行一个阶梯性分类，而不是以个体的得分高低来体现。

有时，一套题的得分可以是正分，有时一套题的得分可以是负分，正负分之间在计算后可以抵消等，比如在性格测试当中，有的题目选择 A 则加 3 分，如果用户选择的是 C，则得 –2 分。这需要我们对题目的设计有一个科学考量，主要是说，不是以简单的得分高低来判定测试结果的。

4. 对测试题有一定的解释说明

解释说明性的文字，可以在测试之前存在，告诉使用者该系列题目的意义和价值，请如实填写；同时，很有必要在测试之后，给出一整套的关于测试结果的说明文字，以让测试者知其所以然，消除内心的疑惑，从而真正地理解测试的目的、意义，使之反思自己的答案，对标科学的结果，进而对其测试有一个积极、正向的影响。

总之，以上的几种自制道具，都可以在我们的课程中进行设计和使用，至于怎么选择，选择几种形式，是可以根据我们课程的需要来思考和完成的，这样做，可以让我们的课程内容更加丰富、更加专业。

第七章 | **chapter 7**

组装：开场收官有课程

在大量的准备性工作完成过后，比如基于培训目标罗列了三级目录，萃取了课程的干货内容，匹配了一定的素材，自制了若干教学道具，就等于完成了课程主体。我们现在要做的，其实就是补充开场内容、收官内容、单元内容等结构性内容，这样一个完整的PPT课程就出炉了。

开场内容

任何一门课程都需要设计一个开场，起到导入、明确目标的作用，正所谓"万事开头难"，课程的开场做得好，能增强讲解者的自信心，能充分激发学员的兴趣，可以更好地完成课程的整个讲授流程。

开场内容一般由如下七个部分组成：课程标题、讲师介绍、课程导入、学习收益、课程目录、课程安排和课程约定等。

课程标题

课程的标题是针对课程本身，能够概括课程全部内容的最大标题。通俗地说，就是这门课程叫什么名字。比如我们常讲的案例萃取的课程名是"经验萃取与案例开发"，就是一个反映了课程全部内容的最大标题。

在课程开发的过程中，我们一般采用双标题的形式：主标题＋副标题。其中，主标题是供内部传播的标题，带有一定的广告传播效果考量在其中，比如案例萃取的主标题是"案自经奇"；而副标题是严谨的课程名称，是基于内容本身的考虑，比如上面列举的"经验萃取与案例开发"就是一个副标题，教育课程内容本身的标题。

如何给自己的课程起标题呢？如果是副标题，一般是对课程内容本身的概括，实事求是地写出来就可以，比如"公司火灾防范安全教育课""在线产品的营销方法论"，这种副标题是可以一目了然地看到课程的内容的，其表达是正式的、中规中矩的，主要需要的是研发者的概括能力，而对主标题的命名，我们在这里重点介绍常见的六种起标题方法。

1. 解释式标题

这是对针对萃取对象，在某一角度下的解释，由"萃取对象＋解释"两个层次构成的标题。比如，"萃取技术，组织发展的利器""手机，不要做我家庭的'第三者'"。

解释性标题体现的是对案例对象的一种强调，体现出案例开发者的一种态度，以引起读者的注意。在具体写作中，解释性标题的总字数常控制在20个字以内，其对象往往由1～4个字构成，其解释内容一般由6～15个字构成。

2. 断言式标题

断言式标题，是以"一声断喝"、一种果断乃至武断的发声，来唤醒案例使用者的注意的。比如，"培训经理，不要成为组织经验萃取的绊脚石""别说你懂项目管理"。这样的标题，可以瞬间引起使用者的注意，引发重视和阅读的好奇心。

虽然表面看来，这种"断言"似乎带着一种责备，但足以起到唤起读者注意的效果，其总字数可以控制在20个字以内。注意：断喝的过程中，必须体现一定的萃取内容，不能只是大喝一声，如"别说你懂"，这样的断喝是不完整的。

3. 提问式标题

提出一个问题，引起阅读者的思考，是一种巧妙的起标题方法。心理学告诉我们：当别人抛给你一个问题时，即使你拒绝回答，你在心理上还是作答了的。就像再小的石块投入水中，总要激起一点波澜出来。

比如"拿什么唤醒我的客户？"读者看到这个标题时，即使不能回答上来，也要在心理稍微琢磨一下，从业者更是如此，那么想知道具体答案的话，势必要翻看案例才行。

4. 成语式标题

成语式标题，主要是通过对特定的成语进行一点文字上的改变，产生一种成语、熟语的效果，从而更能引起读者的注意。毕竟成语是中国语言几千年积淀而成，在群众中有着异常广泛的心理基础。改造之后的成语，更常常造成一种"一语双关"的新奇效果。

比如，"'诉'战速决——投诉处理的五步曲"，其中的"'诉'战速决"是对成语速战速决的改造，改变一个文字，保留了其成语表达的语音效果，却创造了一种新奇陌生的滋味。

5. 总结式标题

总结式标题极为常见，尤其在各种自媒体写作中，每一个行业、专业、岗位、知识领域等，都可以从不同的角度进行一番总结。这对读者来说是一种非常便捷的学习途径，能一次性看到许多知识内容。

总结性标题中常常伴随着数字，一般将总结的内容分条罗列，将条数体现在标题中，比如"成人学习英语的七个思维误区""组织经验萃取的十个捷径"，在这样的标题中，数字是亮点，总结是关键。

6. 揭秘式标题

人人都有一颗窥探秘密的心，因为可以满足好奇。这是揭秘式标题的内在逻辑。其撰写的思路在于：隐藏关键性的信息，只吐露一点点，激发读者去阅读你的案例。比如，"极速提升客户品质的方法"，那么什么是"极速提升的方法呢"，作者没有直接说，需要读者到案例中自己去看。打磨一个有趣的秘密，是能令读者以最短的时间，下意识去阅读你的案例的。

以上六种方法是非常常见的，值得注意的有两点：每门课程使用其中的一种就可以，根据开发者的需要。六种方法也可以结合使用，如在揭秘式标题中使用数字，达到一种总结的效果。

讲师介绍

课程的讲解者是谁，有怎样的资历和影响等，是需要向学员进行一个简单的介绍的。这里说的"简单介绍"不是一句话概括的意思，必要的内容还是不能遗漏为好，但不要过于复杂，能在短短的几十秒内完成是最好的。

如何进行"简单介绍"的设计呢？

1. 讲师的姓名

一般可以表达为"我是 ×××，来自 ××"；其次是讲师的学历、能力、资历、奖励、实力等，在这方面是可以灵活体现的，比如，如果讲师的学历比较高，是硕博士研究生毕业，且属于名校毕业，自然可以表达出来，比如"××年硕士毕业于南开大学 ×× 系"等，这样说可以反映出讲师接受过良好的大学教育。

2. 讲师的能力

在能力和资历方面，则以从事某项工作的时间、研究的深度等来体现，如"自 ×× 年开始研究该领域，迄今已有 10 年"，这里的数字有一定的量化效果，可以更好地触动学员，体现培训师的资历。

3. 讲师的荣誉

在荣誉和实力方面，可以适当地体现社会荣誉、集团公司内的荣誉，但不要过多，抓住典型的荣誉来证明自己的实力就好。同时可以带出自己的著作、作品等，如"我也是 ×× 一书的作者"等。

上述的介绍是可以灵活变通的，主要是在介绍自己的名字之后，可以根据主次情况，动笔写下来再进行精细地加工，从而可以给学员留下更深刻的好印象。

需注意的是，在介绍自己的过程中，不能夸大和过度包装自己，的确有一些培训师借虚假介绍来壮大自我，虽一时间给了人以不错印象，但终究是脱离事实的，是一种虚假的骗术，违背了实事求是的精神，对讲师的形象其实是一种自我的戕害。

课程导入

每个课程都需要导入来过渡，起到引发好奇、引起关注的作用，导入有常见的五种方式：痛点导入、数据导入、名言导入、案例故事导入、提问导入。这里在方式上给出一定的介绍，供读者参考。

痛点导入是将工作中的痛点问题呈现出来，引起学员的精神共鸣，从而可以很好地导入到课程的正题中来。

数据导入是通过罗列一系列的工作数据、行业数据、公司数据等，以数据为"先锋"，再分析数据背后的原因等，从而导向课程的正题中来。

名言导入是以名人大咖的某句话展开的，通过列举后的分析，导入到我们自身的课程中来。

案例故事导入，是以真实的案例或虚构的故事来演绎内在的主题，进而和当堂的学员"碰撞"出一个具体的问题，再指向课程主题。

提问导入是简单的，是以一个问题或一系列的问题开场，引发学员的注意力，使其充分聚焦到问题上，引起一些思考，而导入正题的方式。

没有一门课的导入是固定的，需要结合其自身的情况进行分析，找出合适的导入方式，但导入本身值得思考、设计，其成功与否，对后续课程的展开有着不可估量的价值。

学习收益

我们学了这样的一门课程，能有怎样的收益呢？其实这是每个学员都很关心的问题，作为课程的设计者我们该更关心这个问题，并且能站在学员的角度去回答这个问题。

在回答这个问题的时候，我们可以结合学员的真正收益，写出 3 ~ 5 条内容（2 ~ 3 条最佳），给学员一个清晰的预估，可以给予学员更强的学习动力。在体现收益的时候，能重点体现出某些技能性是最好的。比如在"鉴证事物"的课程中，课程作者所写的"学习收益"有如下三点：

（1）能快速写出不少于五种抵押物品种；

（2）独立对抵押物价格进行评估；

（3）加强贷后管理，准确识别四种风险。

这样的收益是简练的、有用的、技能性的，而不是空泛的描述，不是浮夸的表达，更不是忽悠学员——作为讲师，我们须重视学员收益这一项，并要有能力将其落实在自己的课程中。

课程目录

课程目录，是在课程大标题之后，正式进入课程之前的核心内容，其关键在于：通过你的课程目录，学员可一目了然地看清全课的整体构成，能对其中的单元有清晰的认识。

目录中一般可以放一级和二级，也就是课程的单元目录和单元下的细分目录，这两个层次足以构建出课程的系统性（如表 7-1 所示）。

表 7-1　课程目录

第一单元	1. 设备概述要知道	1.1 定义：设备的定义 1.2 定位：设备的定位 1.3 配备：设备的配备 1.4 原理：设备的原理
第二单元	2. 发展历程不能少	2.1 一传：传统自动化阶段 2.2 二综：综合自动化阶段 2.3 三智能：数字智能化阶段
第三单元	3. 功能学习很重要	3.1 数据的采集和处理 3.2 数据远传和功能设置 3.3 时间同步和告警直传 3.4 远程浏览和源端维护
第四单元	4. 设备配置要做好	4.1 场站端参数配置 4.2 主站端参数配置

当然，在有的课程中，如果你的三级目录是思维导图样式的，也可以放在目录中，可以让学员对课程的内容有更细致的认识，这也是好的。

我们要注意的是：目录在课程中的意义和价值，是为了呈现课程的主体结构，传递内容信息而存在的，所以根据我们课程的内容容量，是可以具体地考虑一级、二级和三级目录是否共存构成大目录的。

如果你的课程容量丰富，有七八个单元之多，是可以在一级目录中只提供一级单元的，而在具体的单元中再提供二三级目录，课程目录的关键是能否很好地传递你的课程信息。

课程安排

课程安排是可以根据课程讲解的实际，从课程时间、内容讲解的角度考虑，进行多个版本的制作。但其核心的内容是不变的，只是针对不同的时长、需求等进行的一种调整。有的课程只能安排半天的时间，那么就需要给出一个半天的 PPT 课件，安排必要的内容在其中；而有的时候，同样的课程需要学员的深度参与，组织安排了两天的时间来学习课程，这时我们就要考虑将更多的内容、互动等融入其中，从而满足特定的时长。

对成熟的课程设计者来说，一门课程可以安排几个不同版本，以适应不同的情况。其中，在课程讲授之前，也要搞清楚组织方的核心需求，以便我们所调整的课程能有更强的针对性。

课程约定

课程约定是要求学员遵守的纪律和要求。这种要求可以从两个方面完成，一是教师直接给出硬性规定，学员必须遵守；二是由培训师组织，调动各小组积极共创，从而将其讨论的约定成果，作为课堂的纪律，两种方式都是可以的。

共创课程约定，对一些较长时间的课程来说是必要的，如果课程的时间较短，只有一个上午，是没有必要进行小组共创的；而在长达两三天的共同学习中，小组成员彼此需要合作、交流，是可以通过共创的方式来完成这份纪律的，并能在课程中得到更好的落实。

比如我们可以给出十条课程约定，以其中的第一条，"精彩成果有代价"，是说我们需要在课堂上付出很大的努力，以牺牲过程中的舒适度，去换取最终的精彩成果；再比如，第四条中的约定"一次只做一环节"，是说我们在经验输出的时候，不要贪多求快，要跟着老师的步伐，按照老师给出的知识点，逐个环节实现，最终实现一个总的突破，而不要一次性多环节操作，容易得不偿失。

这些约定对课程的最终完成，有着很强的约束作用，能增强团队的战斗力，能科学引导大家的学习进程，很有必要认真对待。

收官内容

"编筐编篓，重在收口"，一个课程是一定要有收官的结尾环节。在课程的收官环节，一般包括如下五个方面：课程总结、学习收益、学员表现、行动号召和感谢祝福。

课程总结

课程总结是对课程整体内容的系统梳理，针对其内在的思路、问题等展开的概括性说明，是谓"总结"。从解读、言说的角度是这样的，但为简便起见，体现在课程中的"总结"完全可以照搬课程目录，从而再次出现在PPT中，起到一种"扣题"的效果，同时有助于讲师进行内容的准确梳理。

而难点是可以略做体现的，也就是说重新体现一次课程中的难点部分，对讲师是一次重复，对学员是一次强化，这在讲课中是一种常见的情况。讲课是不怕重复的，只要所重复的是难点、要点，可以帮助学员留下更深刻的印象。

学习收益

这里的学习收益跟开场的学习收益是一样的，在这里重复出现，也是一起到一种"重温、回顾"的效果，同时向经过学习的学员再次重申，以对接其内在的学习过程，可以令学员自己在心里自觉地对标一下，看看自己的收获和课程设计的收获是否完全一致，是否达到了课程的预期效果？

当然，重复常常不是简单的重复，对经过课程学习的学员来说，其认识将更加深刻、其在学习的过程中势必形成更广泛的认识，所以在这里的"学员收益"对讲师是一种"需要重复"的提醒，但需要讲师站在学员的教学，从工作、生活等不同的角度来扩充、深化、延伸，进而更好地达到课程的预期效果，以证明课程的意义和价值。

比如在前面的章节中，我们曾以"鉴证事物"的课程为例，说明课程作者所写的"学习收益"有三点，那么在课程结束前重申"课程收益"时，可以稍作扩充、延伸。

比如可以这样说：

通过这次课程的学习，我们课程所预期的收益是上述三点，我相信：通过学习，我们不仅已经可以快速写出五种抵押物品种，并能独立对抵押物进行评估，同时课程也激发了不少学员深入学习的动力，以及动手实践的兴趣，不少人已经在跃跃欲试了！同时，这种思路对指导我们日后的工作，有了一种更加理性和科学的认识，有了这些知识的指引，我们不仅可以提高工作的效率，更提高了工作的兴致，发现了工作的乐趣……

学员表现

学员表现是综合查看学员在整个学习过程中的种种表现，包括其行为、态度、配合程度等，这是每个上课的老师都能切身感受到的。为了具体化这些表现的情况，我们可以从以下两个方面进行梳理。

1.学员配合程度

学员配合程度，包括是否积极发言、是否积极参与讨论等。从学员的积极程度，最能看出其真实的表现。

2.学员输出内容的质量

在不少课程中，都不是以老师的单纯输出为主的，而是需要学员通过作业的方式实现内容输出，所以我们可以从学员交付的成果中看到整个学习效果，进而科学推测其真实的表现。学员的作业是没有办法掩饰其学习表现和效果的。

通过上述的指标，我们可以评选出最佳学员、最佳团队、最积极小组、优秀成果等，可以从学习之星、进步之星等称号中去奖励优秀的学员，但要考虑奖励的比例问题，奖励的比例不宜过高，以不要超过 40% 为宜，否则就给人吃大锅饭的感觉，影响评选的公平性。

行动号召

行动号召是课程结束后的目标在定位时的体现，可以直接复制。要注意的是：课后目标需可落地、可实施，不要太难。这样做的目的是巩固所学成果，是实体课堂的一种延续，更是对教学成果向现实进行转化的一种重要实践，之所以要求其不必太难，是因为这种号召不是为了刁难学员，而是行动起来，真正将所学落地。

行动号召可以是多样的，可以体现为 2~3 项行动目标，从不同的角度去检验学员所学。比如，在一次课程过后，培训师安排学员进行如下三点的行动。

（1）查询一家企业的公开信息。

（2）学习一条关于财务的网络视频。

（3）运用现场的调查方法和技巧。

在这样的行动号召中，可以将所学知识点充分运用到实践中，从而指导学员的工作。比如上述的三点号召中，第一点和第二点是非常容易的，只要通过互联网就可以实现；而在第三条稍有难度，但可以将所学知识点真正运用起来，以实践所学，真正达到学以致用。

感谢祝福

这是在课程结束后对学员真诚、友好的祝福。在不少课程中，课程设计者比较懒惰，只写了"感谢聆听"之类的话语，显得很敷衍，未能起到真诚的祝福效果。要想给人一份印象深刻的祝福，必须经过设计，经过课程研发者的精心思考，这里我们建议可以自创一句金句，或改造一句金句，从而实现对学员的真诚祝福。

比如一个课程开发的学员，在自己的课程结束前，自创了如下的金句：产品组合学得好，绩效提升真不少。

这样的话语，不仅结合了自己的课程，发起了祝福，而且体现出一种哲理，给人的印象就更加深刻。

单元内容

单元主体内容已经产出，这里不再赘述，但课程的目录和小结等需要进行一番补充，才能将课程做成一个有头有尾的全结构课程。这之中，主要补充的有单元目录、单元导入和单元小结，都是相对容易做到的内容。

单元目录

单元目录体现的是一个单元的主要内容，重点呈现的是整个课程的二级目录。需要独立呈现在学员的面前，以使学员清楚知道这个单元所学的知识层次是什么，有几个要点等。

单元目录是开启单元的过渡页，就像一场戏的帷幕一样，打开这层帷幕之后便是正式"演出"，需要我们分层次、逐步地完成每一项内容、每一条细节。

当然，为了让学员清楚本单元的重点和难点，以便在学习时可以侧重它们，投入更多的时间和精力，我们可以在单元目录中标注、强调重点内容和难点内容，引导学员留心、注意。比如下面这个单元目录。

1.1 问：客户基本信息

1.2 查：客户经营情况（重点）

1.3 搜：客户财务情况（难点）

1.4 寻：客户舆情信息

如上，在课程中的二级目录常常是以 1.1、1.2 等来体现的，其中第一个"1"代表的是第一单元，小数点后的数字代表的该单元下的层次，两者共同构成了课程的二级目录。

单元导入

课程的设计是不能忽略导入环节的，在前面的章节中，我们已经介绍了整个课程导入的常见方式。其实，在每个单元中，也是可以加入一个导入环节的，常见也是五种导入方式：痛点导入、数据导入、名言导入、案例故事导入、提问导入。只要导入设计精心、处理得当，就能很好地激发学员学习的热情。

单元导入属于过渡的一种，是在正式内容进入前的一个铺垫性环节。

有的学员会就单元导入和课程导入的大小问题、深浅问题产生一些疑问，比如，整个课程的导入是不是要比单元导入的分量要重？单元导入是不是要做简单一点？两者的关系是怎样的，可以重复使用某种方式吗？诸如此类。

其实，要回答上述问题并不难。一般来说，整个课程的导入在重要性是不言而喻的，但这也不意味着单元导入的规格一定比课程导入要小，这要看我们对课程的整体设计。如果给全课程一个轻盈的导入，比如一个金句导入，然后快速向第一单元的知识过渡，在第一单元的导入中，却以一个重要的案例展开，也是可行的。只要这个案例的导入符合第一单元的知识要点，更加贴近该单元的学习规模等，都是可以的。

至于两者的关系问题，其实也不必过于担心。课程导入针对的是全课程的大主题，单元导入针对的是特定单元的主题，两者服务于主题的特质是一样的，彼此之间"各为其主"，并不存在任何的隶属关系，如果说有关联，也是课程主题和细分主题之间的关系而已。

常见的五种导入可参考前文内容，这里不再赘述。

单元小结

每一单元完成后都应有一个小节，用来做单元的总结，就文字表现来说，可以直接复制单元目录，这样做是最简单的，更是对刚刚结束的单元学习的一种再现、一种重复。关键的是，讲师可以结合单元内容进行一番相对细致的总结，但要注意详略得当，并为接入后续的单元做好衔接过渡。

同时，我们用一句话来进行高度概括性的总结，也是必要的，而且其效果可能更好。可以是金句、名言，以实现对该单元学习的一种升华；同样，我们也可以在学员最需要小心的地方做一个提醒，从而加强该单元内容的知识性强化。

单元小结的容量不要大，一般也就是一页的样子。

比如这一单元讲解的都是"信贷资料的收集标准"，对其总结就是复制其单元目录，如下：

（1）资料全面性；

（2）资料真实性；

（3）资料及时性。

同时，还可以加上一句金句：资料不全不等闲。这样可以更好地提醒我们的学员注意，要深刻认识到搜集资料的意义和价值，将自己的工作做得更透彻、更完善。

设 计：教学设计有策略

开场、收官等内容组装完成后，一个完整的 PPT 课程（课件）就诞生了。课件本身是以讲师讲授为主的教学设计，或者说是讲师讲授课程的一种基本依据。但在真正的讲解过程中，我们必须克服"照本宣科"的方式，要结合学员需求设置多样化的教学策略，使课程真正融合"讲、范、练、评、改"等组合式的教学策略，从而让课程效果更好。

开场策略

基于课程的开场内容，可以设置不同的教学策略，以更好地让学员理解和接受。

开场问好的策略

在教学实施层面，讲师首先做的是开场问好。

开场问好主要包括"扫视全场、站定问好、定制问好"两个方面。

1. 扫视全场

这是一个看似简单的动作，却有着深刻的设计意图。通过这个动作，我们可以看到每一个学员，体现出对每一个学员的充分关注。

扫视全场的时间比较短暂，一般在 3 ~ 5 秒钟，但就在这个短暂的时间里，师生双方用心灵的窗口去接纳彼此，在短暂的"触目"中完成了第一次正式"对话"。尽管是无声的，却意义重大，它意味着彼此之间正式关注到对方。

2. 站定问好

在短暂的扫视过后，就需要站定问好，这时的我们一定要站稳脚跟，不可左摇右摆。讲师的稳重性、定力等都可以在此刻展现出来。

当我们站定，立定在讲台中间位置时，需要开口和学员打招呼。一般是以赞美学员为开头，声音相对洪亮一些的问候。比如，××公司精英们，大家早上好！

3. 定制问好

讲师可以结合课程的特点，去定制一些和大家打招呼、问好的方式。比如我们在向大家好时，学员可以回答"好、萃取会更好、传承更美好"等。

同时，针对小组我们还可以匹配相应的三击掌，即令小组成员共创特殊的击掌风格，实现小组成员间配合上的协调统一，激励小组成员积极投入等。这些方法其实都是为了促使课堂的氛围更热烈，促使学员能更好地投入进来。

讲师介绍的策略

讲师的自我介绍，是讲师向学员展现自我风采、实力的第一个关键点，所以需精心设计，逐渐在实战中完善，从而最终形成一种独特的风格。自我介绍在后续的课程中可以略做调整，以充实、再完善。

讲师的自我介绍，就策略来说，主要有四种方式，其目的都是证明自己有实力、有资历给大家讲授课程，以增强学员对讲师、对课程的信心。

1. 拆分姓名

介绍自己时，可以拆分自己的名字，解释每个字代表什么样的含义，这样做的目的是更好让大家记住你。通过拆分姓名中的文字，引发某些联想、想象，拓展出更大、更有趣的言说空间，自然对学员记忆更有好处。

比如，我在介绍自己的艺名"王萃取"时，会说"内容为王，万事皆可萃，万招皆可取，我是王萃取，本名王兴权。"

2. 数据成绩

当我们介绍一个人时，突出一个人的成绩是最好的，就是做出了什么成绩，有什么具体的成果等，尤其以量化的数据来介绍，更能体现出这些成绩的真实性和分量重。比如王萃取老师，曾出版过 12 本专著，在网易云课堂有 21 门课程等。学员对量化的数字有天然的敏感，可以更好地记住不说，还能将这些数字沉淀到心中，成为一种有分量的记忆。

3. 大咖表彰

通过别人的话来肯定自己，能很巧妙地实现对自己的赞美，尤其是某些知名的人士、集团公司的领导者、老板等，他们的话语更见分量。只要其话语是对你在某个方面的一种肯定、一种认可，都能帮助我们实现一种良好的推荐效果。当然，这种借他人的肯定来赞美自己，有时需要一点表达的技巧，比如下面的案例中，讲师老李就喜欢以轻松的口吻说以下这段话。

其实我长期对自己在这个领域是不够自信的，但 ×× 公司董事长张总却一再对我说："老李呀，你就别假谦虚了！你在这个领域精耕细作快十年，取得的成绩有目共睹，专业度少有人能及！"张总一再这样说，给了我很大的自信。

在这样的案例中，讲师借助他人的话语来肯定自己，需要营造一点轻松甚至是幽默的表达，才能让现场的效果更好。

4. 关联主题

在介绍自己的时候，能关联、过渡到所讲的课程主题上来，是非常巧妙的一种思路。这种思路将人与课联系起来，从而实现了一种"人课合一"的效果。比如王萃取老师，在介绍自己的时候，就会将这个艺名和自己的课程关联起来，强调说：投身这个行业之初，就决心做好萃取工作，甚至名字都改成了王萃取等。

这样做的好处是明显的，可以把讲师与课程高度联系起来，现场的效果会更好。

引入课题的策略

在前面的章节中，我们已经了解了课程导入的几种方式：提问导入、痛点导入、数据导入、案例故事导入、名言导入等，其作用主要是勾起学员的兴趣。那么，在这些导入的方式中，我们该把握怎样的策略呢？这里逐一地介绍给大家。

1. 提问导入

向学员提出问题，直击学员的灵魂，引发学员的深入思考，再邀请学员进行回答。这是提问导入的一个基本的流程。在这样的过程中，我们需注意以下两点策略。

第一，所设计的问题需有延展作答的空间。

就是说，不能抛出一个超级简单的 1+1=2 的问题，这样的导入等于没有任何思考空间，比如，在我们的萃取课堂上，如果以提问导入，绝不能向学员提问：大家好！你们听说过经验萃取技术吗？

学员的回答无非是听过、没听过，而且大部分人都是首次接触，了解得不多。虽然可以就着话题去解释什么经验萃取技术，但更多是讲师自嗨式的讲解，不能逼着学员深入思考，其导入的效果就不理想。

第二，所提问题需和课程的主题或内容高度关联。

这是很关键的一点。导入的问题不能离主题、内容等比较远，要近一点，就像我们吃的饺子，皮不要太厚，要一口咬到馅才好。比如，为什么很多产品线上营销的成本越来越高，但效果却越来越差？这样的问题可以更近地触达学员的内心，而不是询问他：你了解线上营销的方式方法吗？

2. 痛点导入

用学员在工作中的痛点问题导入，其选择自然是越痛越好！如果所给出的痛点是不痛不痒的，学员的思维意识是不会受到任何触动的。只有准确地摸透了其工作中的痛点话题，才能实现一针见血的效果，真正引起学员的高度注意。

一名电力员工开发了一门关于变电站选址的课程，开门见山地指出了两个痛点问题：

1. 变电站的选址实在太难了！有没有？

2. 站址选择需要考虑的要点很多，让人头痛不已，比如：避让农田、防洪条件、重点区域避让、减少环境破坏，既要考虑当下，也要考虑长远，等等情况都要深思熟虑，令人形销骨立，有没有？

当这些痛点话题提出的时候，学员会感觉说到了他们心里去，给变电站选址确实是一个糟心的事情，反复论证、反复讨论，但选址问题重大，如何以流程化的方式，让这项工作更轻松一点呢？

这样的痛点导入便是成功的，激发了学员的学习热情，想通过课程的学习一扫胸中之痛，让自己的工作更畅快一点。

要注意的是：以痛点导入的方式，可以连续提出若干话题，但要集中在一个主题之下。如上述的一些痛点都是围绕变电站选址问题展开的，就很容易引发学员的精神共鸣，将其注意力快速导入到我们的课程上来。

3. 数据导入

数据导入看似是一个简单的事情，无非就是找到一些行业数据、公司数据、业绩数据、对比数据之类的，然后让学员看一看、了解一下，不就行了吗？实际上，我们不能这样简单地看问题。

数据导入不是简单地给出一些数据就可以，想想看，如果我们列举的数据是大家都知道的、熟悉的一些行业数据，就很难引起学员的注意。要想让给出的数据引起学员的注意，甚至是"触目惊心"，我们可以通过以下两种策略来实现。

第一，大部分学员完全陌生的数据。

做到这一点并不容易，大家对基本的行业数据、公司数据等常常有所关注，所以回避这些烂熟的数据是必要的。我们可以结合课程的主题，从一些专业、权威的网站上细致检索，找出相对陌生的数据，来吸引学员的注意。只有陌生一点的数据，才能引起人们的好奇。

第二，用对比性的组合数据，体现数据之间的关系。

有些数据是让人熟悉的，但大部分人很少将数据做对比，更少去思考数据经对比后产生的神奇效果，难以看到对比数据的内在原因等。所以，我们可以将一些数据进行比较、分析，进而给出一些"惊人的"结论，打破学员的一些惯性思维，让他们看到对比后的数据有表达了怎样让人意想不到的东西。

比如：中国网络安全相关的黑色产业链从业人员已经超过150万！2015年下半年到2016年上半年，网民因个人信息泄露、照片信息、垃圾信息等造成的经济损失达到915亿元。这是什么概念？同年（2016）我国出版业全年实现的营收是831.31亿元。可见，网络泄密等造成的损失多么大！大家可以计算，以我国14亿人口来计算，这给每个人造成的人均经济损失是多少？（65元）

上述，一是将两个不相关的行业数据进行比较，突出网络信息泄露带给我们的经济损失；二是鼓励大家计算一下，可以更形象地认识到其损失的具体情况。

4. 案例故事

案例是工作中的真实案例，故事的来源则可以是各种渠道，只要适合课程的主题就可以。在以案例、故事进行导入的时候，我们要注意以下的几点策略。

第一，案例必须是真实可信的，其叙述可以简略一点，重点是要指向一个特定的主题，便于引起学员的思考。

第二，故事是可以改编的，以适应课程的主题。

第三，不管是用案例还是用故事做导入，在结束之后都该提出一个或多个普适性更强的问题，以引导学员的思考方向。

以下是一个案例导入的例子。

阳光明媚的早晨，员工小何走进会议室，向领导汇报2015年的房地产政策。

小何打起十二分精神，把 2015 年重点政策逐一梳理，部门领导却听得头痛欲裂……

"停停停！小何，你汇报的重点是什么，这些政策对公司有什么影响？"

"领导，我觉得这些都很重要，我也整理得很清楚啊！"

思考：工作汇报的关键是什么？

上述案例中，有案例的背景、冲突、对话等，在案例结束时提出了一个共性的问题：工作汇报的关键是什么。这样一来，便足以令学员进入一个思考的进程，将大家的注意力引入正式课程。

5. 名言导入

名言导入是通过引用的方式，将某名人、大咖的言论作为素材，成为课程的导入，再结合其言论的含义，向课程内容本身做出适当的延伸，进而拉开课程的帷幕。

做到这一点其实并不难，我们通过网络检索一些大咖的话语，精选其中的一条来作为课程的导入，不必选择很多，有一条足矣。只要其言论是恰当的，符合我们课程主题的就可以。

当然，和使用案例、故事等做课程导入不同，引用言论是非常简单的，所以在解读的过程中，常常需要深入理解言论的含义，有时也可以补充一些大咖言说该话语时的一些背景性故事，从而引发学员的兴致，快速导入到课程上来。

学习收益的策略

学习有收益，我们也会在课程开始前罗列几条抽象的收益，但为了更好地证明这一点，我们可以运用几条策略，以具体的方式证明课程的收益，常见的有五种：标杆证明、数据成绩、罗列好处、盘点问题、对手比较等。

1. 标杆证明

这是用事实说话的意思，在学习课程后出了什么牛人，学员将课程所学用在什么方面，怎样用得有价值等。用标杆来证明课程的价值，可以从两个方面考虑。

一是标杆人物输出了优质的内容，甚至发表了某作品，从而对其个人发展形成了正向、积极的影响。比如某学员在学习了"如何快速写出好文章"的课程之后，经过半年的努力，出了一本关于如何做营销的书籍，并已经投入市场。

二是学员研发的课程，在其公司内部得到了领导的高度认可，屡次受邀到分公司讲课。比如，一学员将自己的课程做了精品化打磨，受到公司领导的好评，不仅在公司内评比中拿到了一等奖，还多次应邀到分公司展开课程的讲授工作，提升了其工作档次，个人也得到了多次荣誉奖励。

2. 数据成绩

数字是很好的成绩证明。通过一门课程的学习，人的思路打开了、眼界放开了，在运用其知识点的过程中，个人工作的技能得到了提高，取得了更好的业绩，各种业绩的指标都是可以用来证明的。

比如营销人员的客户数量较之上半年提高了 30%，大客户从原来的 200 名提高到了 400 名，甚至个人因客户数量的增加，今年下半年出差的频率较之上半年也增加了 25%，跟客户之间沟通得更加密切；与客户打交道时的方法更多了，原来只会采用几种常见的沟通手法，现在的沟通办法数量提高了一倍以上等。

从这些成绩的数字变化，可以很好地证明课程的价值。

3. 罗列好处

每一门课程都有具体的目标，如提高营销水平、提供创意思路、学会 PPT 技能等，但其共性的好处就在于学员自身的成长。

这种成长是可以描述的，我们可以在每一门课程中加以了解、收集、整理，从而体现在后续的课程当中。比如有的学员在学习课程后，个人的自信心大大提高，以前从不敢独立去拓展客户，总是根据上司的具体指点去做事，难有独立见解，随着自信心的增加，个人变得有胆识了很多。

再比如，个人对某些知识技能的掌握，原本都是套用一些模板，不能独立去开发 PPT，现在完全有能力、有信心去独立研发课程，自己心中大量的想法有了课程这个出口。诸如此类，都可以进行一番罗列，体现课程的意义和价值。

4. 盘点问题

学过课程之后，最大的收益当属一些实际问题的解决。所以，我们可以从盘点问题、解决问题的角度，去体现课程的价值。比如：

（1）以前从不敢上台演讲的自己，现在登台汇报工作完全没问题；

（2）以前做工作总结，从没超过一页 A4 纸，现在则能充分展开，从工作思路到落实，从问题到成绩，都摆得清清楚楚，让领导很开心；

（3）以前只知道提出一些问题，不敢拿出具体的方案，现在不仅会做方案，而且常常要做两个方案给领导做参考。

5. 比较对手

在学员中进行对手间的比较，学员的成长是可以通过超越对手来体现的，以证明课程的优越性。比如一名张姓学员，在学习课程之后收益颇丰，有意识地将所学知识运用到工作中，两个月后告诉我们说：经过两个月的努力，将所学融入工作中，已经在工作业绩上大大超过了竞争对手，他是做新媒体营销的人员，他负责经营的公司账号经过两个月的优化运营，在阅读量、输出内容数量等方面都大大超过了对手一大截，这让他非常地开心，老板因此承诺给他涨工资。

总之，学员体现出的真正收获，是学习课程的最好证明。随着你的课程影响的人数越来越多，那么势必得到的回馈越来越多，从中可以找到许多类似上述案例中的收益很大的案例，进而证明你课程上的优越性。

课程约定的策略

课程在进入正式学习前，有必要做一些共同的约定，以确保课程纪律是好的，课程学习的效果是好的。常见的约定策略有如下三种：小组制定、借势领导、行业公约。

1. 小组制定

我们可在课堂中引导小组来制定纪律，具体操作是：给小组五分钟时间来共同商讨，为了完成了课程，在意愿、练习等层面真正做到位，让小组成员在商讨中达成共识，保证每个人都能遵守。形成后的内容可以由组长或其成员分享，起到强化的效果。

2. 借势领导

这是说，领导对课程在开班时有明确规定的，在课堂上由领导发言，直接给出严格的课堂纪律。如果领导无法莅临现场，则可以通过短视频录制、其他人替代传达等进行纪律的传达，从而令现场的学员遵守特定的约定，确保其课堂效果。

在有些行业，因其内部体制的原因，很有必要采用"借势领导"的方法，以促使课堂纪律有一个保障的，这时就需要组织者及早和领导沟通，确保领导者的要求能准确传达到课堂。

3. 行业公约

每个行业都有自己的潜在规则，即所谓行规，入行者都需遵守这份行规才行。所以在课堂上，可以将行规中的有关事项做宣讲，以行规约束学员，或以学员对行业身份的认同，来取得其对行规的尊重和执行，从而起到课堂约定的良好效果。

讲解策略

讲解策略是针对讲师的，是说讲师在讲授知识点时，可以采用的教学策略。一般有六种，避免讲师一讲到底，而是要发挥学员的力量。

提问个人

讲师随机提问学员，让学员来回答问题，或发表看法。这是一种常规、常见的互动方式，可以在课堂中随时展开，从而促使大家快速集中注意力，确保课堂质量。

在选择提问的个人时，也有一定的策略。一般身体前倾、认真听课的人，不躲避讲师目光的人，或比较积极的学员，都可以作为优先提问的对象。这样做的好处是，可以找到真正能回答问题的学员，从而令随机提问有良好的效果。

不过我们要注意：随机提问的问题应相对简单、容易作答，不要过于深奥需要深入思考和成员研讨的，也就是说将比较小的见解性的问题提出来，而不要难住个人。如简单的概念、方法的应用等。

对个人的提问，在学员做出自己的回答之后，如果作答准确，应给予好评；对作答不是很精确的情况，应给予作答者一定的鼓励，在其作答的过程中，可以做适当的提醒，以不令其有"颜面尽失"的感觉。但不管学员作答的结果如何，讲师可以进行小的总结，给大家一个更清晰的交代。

提问全体

把一个问题抛给全班学员，给大家一段思考的时间，然后请部分小组成员来作答，自然也是按照自愿举手回答的方式。针对全体学员给出的问题，较之对个人的提问要更深刻、更开放，较难作答、答案不唯一等，有时需要小组人员讨论，才能给出一个最终意见。

比如在案例开发的课程中，针对一个有些争议的案例，老师可将案例内容抛出，引发各小组的讨论，然后形成各组意见，请大家回答：为什么这样的一个看似经典的案例，是不大适合作为案例开发的？

大家给出的意见是各种各样，比如：

（1）案例发生的时间较长，超过了三年之久，已经不再新鲜。
（2）案例中的故事不很典型，不能指导普遍性的工作。
（3）案例中的某些做法太特别了，难以上升到普遍经验上来。
（4）案例中的主要冲突在今天已技术性解决，很难说这样的案例有什么代表性。
……

围绕各小组的意见，讲师可以对其进行综合评价，给出自己的意见，从而解决上述话题中的各种争议。这样向大家提问，很容易解决如何找到典型案例的方法问题。

学员阅读

给出一份文字量较大的阅读材料，以及一段时间（一般 1~5 分钟），请学员充分阅读，然后就材料中的内容提出问题，要求学员根据材料回答问题。这样做是一个很简单的方式，有点像阅读题一样。我们所选的材料要具有一定的延伸性，能很好地对接课程中的一些主题，这样才能引导学员充分地思考，解决其中的各种问题。

学员朗读

朗读是一种很好的"内容入心"的方式，较之默默地去看有自己的优势：可以在短时间内快速了解、快速记忆内容。所以，我们可以在课件中设计一处大段文字内容，或体现在散页文字资料中；内容可以是一个案例的分析，可以是一份拓展性的资料等，然后要求所有学员一块阅读，也可以邀请一个或一组学员朗读给大家听。

这样的做法可以替代老师的讲解，体现出一种差异化的教学策略，同时可以唤醒群体的朗读热情，进而将材料的要义输入到学员的心中，可以说一举两得。

情景思考

情景化设计是课程中的一种常见方式，是讲师抛出一个情景，给出一份工作任务，然后询问学员：如果是你，你会怎么做？这种方法是非常考验人的，可以让学员一时间置身到情景环境中，去发挥他的才能。

人的性格是环境的产物，人在各种压力下最能展现出他的性格和能力，所以情景类的设计很必要，经过情景思考后，老师直接给出某些答案，指出其要点，而学员可以对照老师的答案，与自己的答案做比较，从而掌握其要义。

情景模拟

这是针对一个真实的工作情境，首先由老师进行情景再现，叙述一番，然后经过一点时间的思考，老师讲解在这个情境下具体怎么做。讲师替代学员，演绎"如果是我这样做"，整个过程可以由讲师或学员进行模拟角色来完成，从而引起学员的深度思考，对照其内心的做法。

示范策略

有时，在讲课的过程中，需要讲师或学员示范一下，才能让更多人理解和学会。常用的示范策略有如下四种：讲师示范、情景演练、角色扮演、学员展示。

讲师示范

讲师首先讲解课程中的知识点，然后给出作业，再由讲师亲自在现场操作、演练、示范，从而让学员知道该怎么做，怎样做才能更好、更快地完成这份作业。比如在我们的案例萃取教学中，经常针对流程进行口诀化的表达升级，而大家对口诀化的认识比较少，就需要讲师先进行一些演练示范，继而再要求学员亲自完成。

有时，需要讲师在演练过后，创造某些条件，协助学员快速完成作业，比如在韵字诀的讲解过程中，由于知识点有一定的难度，操作起来需要消耗更多的时间，讲师可以提供韵字诀的小程序，供学员参考使用，以尽快找到押韵的汉字。

情景演练

在情景演练中也可以进行充分的示范。

基于工作情境，讲师可以和学员一起参与，也可以让学员之间组合演练，从而完成一次系统的情景再现和演练。在进入这个过程前，讲师可以指导学员怎么做，并要求学员在指导的基础上，努力发挥个人的才智，去完成这样的锻炼。

角色扮演

在比较复杂一点的工作中，常常要不同的人配合才能让工作顺利展开，不同的角色之间有各自的任务，这其实是工作的一种常态。在我们的课堂中，也可以使用这样的角色扮演，在这个过程中，必须事先有一个精心的设计，确定情景的主题、需要的角色人数，以及在课堂上的实施时间等，确保各项工作可以真正落实。

由于这项工作是一个开放的题目，也就是说现场邀请不同的学员来完成角色，其效果是不一样的。所以，如果时间允许，是可以邀请两组人马来相继完成，然后再进行一番总结，从而将设计的要义总结给大家。这样做可以让学员的印象异常深刻。

注意，在这个过程中，需要学员按照角色的思维来行动，就是说要按照设定的场景和角色来完成使命，而不是简单地按照自己的意愿来完成的。

学员展示

学员作业的展示，这是课程中常见的一面。讲师在讲解知识点之后，要求学员在一定时间内完成作业，讲师可以将快速完成的学员作业进行展示、点评。这常常需要借助互联网工具，让大家都能在屏幕中看到作业，以便于讲师的讲解能被所有人理解。这是一种情况。

另外一种情况也很常见，这就是邀请学员亲自展示、亲自讲解，将其内在的思路、考虑等说出来，供大家学习和参考。

练习策略

要想让学员真正学会，就不能单纯靠讲，而是需要三分学、七分练。适当的练习很有必要，是学员能够真正学会的关键。学员练习分为自己练习和小组练习两种，知识点不同、内容不同，也就是说，知识类、技能类和态度类的不同内容，其练习的策略是不同的。

知识类内容练习策略

知识类的课程内容，其主要的意图是让学员记住，并能够复述，所以常见的策略有如下六种。

1. 测评测试

结合课堂所讲的知识点，做一个整体或局部的测评或测试。两者是有一定的差异的。其中，测评有严格的问题可以直接使用，测试题可以自主开发。

通过测评和测试可以得出结论或某一种类型，从而了解学员对知识的掌握程度，可以发现学员在学习中存在的一些问题，便于我们做一点后续的指导，并在日后的课程中进行某些强化、改进等。

2. 背诵复述

这是大家所熟悉的一种学习方式，在青少年时期便已熟练掌握和使用。在我们的课堂上，也难免有一些异常重要的知识点，可以通过背诵、复述的方式来完成。

但这种方式，需要提供给学员基本的材料和一定的时间，再进行随堂的抽查，并在考查之后进行一些重复性的讲解，从而强化学员对知识点的理解，这样做虽然看似很"笨"，但有些必须掌握的知识点是需要我们下点笨功夫，才能真正地入心、转化，形成内化的知识，以指导自己的工作。

另外，我们所记的东西是随着遗忘曲线而渐渐淡忘的，要想更好地进入大脑，存储更长久，我们可以在课堂上告诉大家在一定时间内反复背诵。这自然需要学员更自律，更严格要求自己，但至少我们可以做到一种善意提醒，以便让知识要点更好地指导学员。

3. 选择题

这也是学员熟悉的一种考查方式。一般是是一个题目之下有三四个答案，由学员来选择其中正确的一个或几个（单选或多选）。这种形式是简单的，主要操作的难点在于：我们将课程中的一些知识要点转化成选择题时，有时甚至需要设计一点逻辑陷阱，不是为了刁难学员，而是形成一种考查难度，增强学员对知识点的印象。比如在"党建课程"，一名学员自行设计的选择题如下。

（1）党建系统团青模块按月考核的四项指标是哪几项？ _____

A. 团组织数据维护率 　　　　B. 团员数据维护完成率

C. 团组织换届维护完整率 　　D. 团组织换届数量

我们在考查学员时，可以将单选和多选结合起来，但必须有所标注，便于学员作答。在设计选择题的时候，需要给出一套相应的答案，并在答案中细致说明正确或错误的原因，便于学员理解。

4. 连线题

这也是一种在考试中常见的类型。题目是由问题和答案两个组构成的，需要学员用线条连接起来（如图 8-1 所示）。这里不赘述其题目的制作过程，但提醒大家：

第一，题目设计的数量以 4~8 个为好，不要过多或过少；

第二，题目之间能有一定的关联，同在一定的知识系统内最好，不要彼此之间毫无关系；

第三，可以在 PPT 中给出最终的答案，讲师并解释、说明，帮助学员能更好地理解知识点。

注意：在 PPT 课件中，我们可以通过动画的设计，来实现快速连线的效果，从而可以动态地将连线题中的题干和答案，用横线连接起来。

【示范】

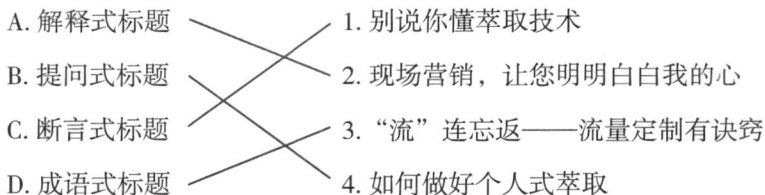

图 8-1　连线题

5. 改错找碴

常规题目的一种。设计者可以将一段表述呈现出来，其中巧妙地设计某个错误，要求学员快速找出其中的错误点来。这里的错误需对应课程中的知识点，以起到一种考查的意义和效果；或者说，我们要将所讲解的知识点融入题目中，才能让所考查的题目有意义。

比如下面的这道题：

改错：下面数字诀哪里需要修改？

主题：过路口

一看二慢三通过

一看：看路口

二慢：轻刹车慢行

三过：看清通过

在这个题目中，对数字诀头尾的理解不是很充分，比如头部的第三点，需两个字；而在尾部的表达上，要求统一字数，能在结构上统一更好，如：

一看：看清路况

二慢：慢踩刹车

三通过：看清通过

通过改错，我们可以更好地体会到知识点是什么，能克服自己的应用盲区，是非常好的一种题目方式。

6. 小组辩论

辩论是一种体现智慧对抗和较量的过程，能很好地激发大家的智慧，所以是课堂中可以运用的好形式。尤其是面对一个新知识点，有一定争议空间的知识点时，我们完全可以发动大家一块辩论，形成几种观点，让不同意见的多方进行陈述。

小组辩论的形式需注意以下三点。

第一，抛出的问题、话题等必须有可探讨的空间。我们在课程设计的过程中，就要首先想好这一点。简单说，能引起辩论的话题绝不是"1+1=2"，而是"1+1>2"，或"1+1=3"，这种打破了日常逻辑常识的话题，才能给人辩论的空间，否则没有争议可言。

第二，小组内部的讨论可以形成某种意见，从而和其他小组的意见形成对比。这是在课程设计中的一种策略，如果很有必要的话，可以推动两组之间智慧对抗，让不同的观点方进行深入较量，从而将辩论的方式更彻底地引入到课堂中来。

第三，注意控制辩论的时间，以及预估一些过激言论出现的可能，讲师需有一定的控场能力。不可以将辩论的过程变成成员之间的人身攻击等。

总之，针对知识类的课程内容，可以从基础的记忆、背诵、选择题等做起，进而融入一些改错、讨论以及小组辩论，从而将知识点运用得更加深入、灵活，我们也可从中了解学员的掌握程度，以及认识上的一些偏差，便于及时纠正等。

技能类内容练习策略

技能常常是课程的主体，是最受学员欢迎的内容，更是我们课程设计的重点。要想让学员更好地掌握技能，必须进行一定程度的练习，所以其练习的设计尤为重要。以下的 14 种练习策略，我们要吃透其内在的精华。

1. 小组讨论

针对技能的小组讨论，可以看出一个人对技能的理解程度，参与其中的人也能了解其背后的知识背景等。

其关键在于：发动各组长组织自己的小组，令全体成员都参与其中，可以轮流发言，表达对技能知识点的意见、看法等，针对老师提出的问题积极讨论，组长可以代表小组最终发言，体现小组中的主要意见等。

2. 案例分析

老师抛出一个案例，供大家学习，尤其是一个工作中的案例，交代好背景信息，再提出两三个问题，让学员以小组或个人为单位，进行思考或讨论，最后提问学员答案是什么。

在这种方式中，给出的案例是关键，其案例必须结合学员群体的工作背景，比如在营销技能的课堂中，我们可以给出某用户出现的情景，用户的需求得不到满足，这时发动大家来给出意见，看如何解决客户的问题。在一个案例中，只要给出一定的背景，体现出时间、地点、人物和他的需求和问题等，就可以抛到小组中，请大家就案例进行分析，快速给出小组意见，或者成员的个人意见。

举一个简单的例子。

案例内容：

项目同事打电话给信息部反馈，表示在审批中的下个月预算里，漏掉了一个非常重要的必须进行支付的项目，希望信息部能帮忙处理一下打回重新填写。

问题：

1. 同事的请求可以帮忙吗？

2. 如何正确处理此类问题？

3. 音频分析

音频是一种特殊的技能载体，常常在营销、客服等课堂中，以话术、面对客户的对话等展开的，相当于一个音频案例的分析，或者针对音频中的对话等，分析其中人物的对错，给出自己的意见等。

比如，在一次客服技能训练课中，我们抛出了一条三分钟左右的音频，其中的用户很烦躁、很愤怒，几乎在谩骂一样，给客服造成了不小的心理压力，这时候我们的客服该怎么办？应该采取怎样的措施，才能更好地解决用户的问题呢？

经过学员分析，大家倾向于首先缓解用户情绪，让他从焦躁和愤怒中解脱出来，再谈具体的解决方法。同时，有学员给出了自己的一套话术，以针对音频中的用户来解决问题。

4. 视频分析

和上述音频分析相似，视频分析是更常见、更广泛的一种形式。视频的段落很多，可以提供大量的素材。但在视频分析过程中，我们当注意以下四点。

第一，注意视频的主题性和完整性。说到底，视频是一段材料，是服务于我们课程的主题的，至少是局部的主题。同时，注意视频本身在情节上的完整性，需要的是一段闭环的视频，有完整的情节在其中。再者，要注意视频的时长，最好不要超过 10 分钟。

第二，重视分析。视频分析是以分析为重点的，所以"分析"才是整个过程的重点环节。在分析视频的过程中，讲师在学员观看之后、分析之前，需给出一定方向上的引导。毕竟，一段视频可以进行多个角度的分析，我们需要的只是就其中的若干角度、问题意识等去分析，而不要全角度分析，更不要脱离课程的主题去分析。

第三，达成共识。视频分析要有小组内的整体意见，也可保留一定的差异化解读，但为了更好地进行多小组间的比较，各小组可以在内部达成某些共识，以便和其他小组进行比较。

第四，注意整个环节的时间控制，以便快速回到课程进行总结。总结一般由讲师独立完成，以体现对视频分析的初衷，实现对视频分析意义的强化。

看下面的一个案例（如表8-1所示）。

表 8-1　视频分析

视频案例	相关内容
	注：视频片段出自电影《狮子王》
提出问题	1. 经验是可以描述的吗？ 2. 经验在传递过程中，需要注意什么？
视频分析	请学员讨论、作答： 1. × × × 2. × × × 3. × × ×

5. 游戏体验

将技能课程中的一些内容做游戏化的处理，既体现游戏的一面，又体现主题性，从而确保学员在趣味性游戏中完成技能训练。

游戏的设计需要具体、可操作，要能融入一定的知识点，不要将游戏设计得过于复杂，要是适合室内开展的活动，在活动中去思考和发表想法和看法，就是好的游戏。

比如设计一个关于排除故障的流程化游戏，可以将一次紧急故障的排除过程，按照流程的先后顺序，将流程作业中的关键词写在纸牌上，小组成员抽取，判断其先后然后进行站队，两队比拼，看哪一组耗时更短，以此增加学员的效率意识、协作能力等。

6. 小组比赛

这是课程中常见的一种教学策略，全班多个小组基于一个任务或一系列任务进行竞争，优胜小组得到一定的奖励。其中，需要重点考虑好如何才算获胜，是耗时最短的获胜，还是成果最优的？还是多个条件结合？否则容易引起争议。

7. 个人练习

以个人为单位进行某种练习，练习由学员独立完成。这是最常见的一种情况，尤其在技能操作环节，是需要学员更多地独立思考和操作的，比如每个人都开发一门自己的课程，这就需要学员每个环节都要练习、修改，逐步完善。

凡是技能类的课程，都更需要学员的直接操作，才能将技能真正理解透彻、运用娴熟，将实操中的心得牢记于心。

8. 小组练习

有时，我们以小组为单位，进行一次性或一系列的练习，以体现小组的协作和智慧。在课程开发过程中，有些环节交给小组来共创，更能展示小组的力量和智慧。

比如大家虽然开发的是各自的课程，但可以组织小组力量，开发一个公共游戏，该游戏只起到烘托课堂氛围的效果，不涉及每个人具体的课程要点，而一旦游戏开发出来，每个人在未来讲解课程时都可以使用。

9. 现场实操

这是一种比较特殊的情况，主要是针对工厂生产制造、服务类的设备操作等，可以带领学员去车间参观，安排学员现场演练，而老师进行现场指导。

现场实操也是课程的一部分，是在一定的理论指导下开展的，不能盲目地、没有理论指导的情况下去做，那样学员学到的东西很有限、经验会很狭隘，难以对机器的原理、设备的运转思路、操作的规律等形成清晰的认识。所以，一旦安排现场实操，必须事先给出理论指导，让大家带着理论知识去实践。

此外，在实践过后，最好要求学员用一定的文字梳理过程，不是简单地写感受，而是结合自己的工作，来输出一份实战的经验，字数可根据具体情况在数百字到千字，从而完成一次实践的闭环式作业。

10. 情景演练

在设计好的真实情景中，安排学员做一定的演练，以提高其工作技能和思想认识。在课程中可以适当安排情景演练，针对学员在工作中的某些环节，做精心的设计，还原现场情况。比如针对空姐，模拟在飞机上客人不配合、换座等，怎么去说服他；再如，当一台机器发生了故障的时候，技术人员如何快速抵达现场，检查故障原因，并能在最短的时间里排除故障等。

情景演练是基于工作中的一段情景而存在的，能在最大程度上再现一段情景，是该演练得以成功完成的关键。

演练常常用到一定的工作设备，需要我们在设计中做好清单，并提前准备充分，比如在"消防安全情景演练"中，要用到燃烧的纸张或其他燃烧物，和灭火器，需要在一个开阔的户外空间进行演练，确保大家的安全。

11. 模拟通关

通关，是游戏中常见的一个术语，是人们突破一个又一个关卡之后，取得胜利的结果。而"模拟通关"是借助这种思路，在演练中设计多个关卡，体现为多个工作阶段，让学员完成一关才能进行下一关，直到最终完成所有的任务，实现通关。

比如在招投标、项目管理、营销等课程中，是可以设计这样的通关环节，其关键在于将某些工作分阶段、环节处理，将适当的关卡设置其中，供学员去实践。

12. 二人或三人讲解

双人组合或三人组合，是可以进行很好的训练的。这种做法的好处在于：可以训练学员的理解和表达能力，相当于一种"试点"一样的真实训练。

双人讲解具体做法是：两人一组进行讲解，AB 两个人互相讲解，彼此讲给对方，查看对方的弱点、优点等，给出建设性的意见。

三人讲解具体做法是：是将第三个人作为观察员，记录双方的表现。这样可以从更客观的视角，给出更客观的意见，也可以对双方的讲解进行对比、分析，令其有更快的成长。

13. 组内讲解

顾名思义，这是在小组内部安排的讲解训练，如果时间允许，可安排每个成员都讲解；如果时间不充分，则选择其中一部分人作为讲解人，其他的人则作为观众、裁判员，给出一定的意见。

要注意的是：学员在讲解时需要起立，一方面体现出正式感，另一方面也便于老师观察是谁在讲解。如果在一次课程中安排了两次以上的组内讲解，则尽量照顾多人，不要每次都安排特定的人讲解，以便给每个人训练的机会。

14. 班级讲解

这是在全班学员的面前，登台进行课程的讲解。一般来说，课程的时间比较短暂，难以安排所有人上台讲解，只能通过一定的办法遴选出一些人登台，然后由讲师进行点评，并安排各小组给出一定的意见等，从而促进学员的成长。

这一过程其实是很有价值的，但如果操作不当，很容易陷入走过场，难以实现真正的锻炼。为此，我们需要老师和现场各小组充分发挥智慧，努力找出登台学员在讲解过程中的优点和不足，及时提出和指出，便于其提升自我、突破自我。

态度类内容练习策略

态度类课程的练习，主要是能体现和锻炼学员的价值选择、态度认知、行为倾向等，其策略主要有以下七种。

1. 投票决定

投票是一种民主的表达方式，它能做到尊重每个人的意见，历来是一种可以直接表达个人终极意见的方法。所以当全班对某些地方有争议时，可以通过投票做决定，实现一种"少数服从多数"的结果。

在投票的方式上，直接举手表决是最简单、原始的一种；随着科技的进步，现在可以通过电子化方式进行，非常方便；有时也可以采用"匿名投票"的方式进行。这需要根据课程和现场情况，进行一个设计。

在具体的做法上，如果采用电子化方式，可以采用微信后台中的投票工具，或以 WPS 中表单的方式来制作都是可以的，也可以使用专门的投票软件，组织者可以在后台直接见到投票结果。

2. 学员承诺

承诺书是常见的，是用以约束人们的言行的一种保障书，凡签字的人需严格履行其中的内容。说到底，这是用态度、价值观来"征服"人的一种方式，对学员常常是可以起到一定的约束作用的。

在课程当中，我们可以结合特定的内容和要求，将需要学员做出承诺的内容整理成段，内容控制在一页 A4 纸的范围内为好，并留下供学员签名和日期的地方。

在课堂上，可以体现承诺的仪式感，让学员集体朗读承诺书，再签字等，从而形成一种纪律性的约束。

3. 角色互换

这是学员交换角色，站在对方角度看问题的一种方式，比如领导者和下属之间的角色互换，促使彼此换一种思考问题的角度，从而体会对方的思考、体谅对方的难处，进而形成更有深度的理解。这样做，其好处在于可以更好地体会到，影响一个人的态度和价值观的常常和他自身的角色是息息相关的，这样做能促使我们经常性地跳出自我，去以新的眼光看待问题，从而实现更好地成长。

4. 角色扮演

在设定的角色中，由学员进行扮演，使之从角色的意识和角度去看问题，去回答问题，去和人交流，从而体现出特定的价值观，体现出态度类课程的意义和价值。角色扮演是一件很有意思的事情，常常受到学员的欢迎，就像出演一部影视剧中的某个角色一样，按照角色的身份、地位、思想价值观去说话、行事，才能真正体会到角色的意义和价值。

5. 分角色讨论

这是一个讨论的环节，可以在小组当中完成。其主要的方式在于基于一个情境，由小组成员扮演不同的角色进行研讨。通过研讨来实现对角色的深入理解，从而将自己的价值观、态度和角色的价值观、态度进行种种比较，可以体会到角色对人的影响。

6. 发表感受

面对某件事、某种现象，每个人都有自己的想法。无论是支持，还是反对，都有自己的理由，在这些理由的背后，反映的其实是人的内在思维、内在价值取向。

所以，我们可以在课堂上令学员在某个话题中，去发表自己的意见和看法，来一次正式或非正式的"演讲"，以表达此时此刻自己的感受和心情，从中我们可以看出每个人的观念、思想和情感，而这恰恰是学员经学习可以深入认识的。不少人对自己的思想和价值观不是很了解的，只有在当面发表感言的时候，才能更好地认识自己。而更好地认识自己，恰恰是态度类课程的一个内在的目标。

7. 行动计划

课堂中可以设计课外的行动计划，要求学员在指定的时间完成。从其完成的情况，我们可以看出课程对一个人的影响有多深、有多大。当然，这种课后的行动计划，不必过重，需要学员能轻松地完成，不会占用他过多的时间，不能有极高的难度，需有良好的程度性思考。同时其完成的时间能早点更好，不要超过一个月。

上述几种关于态度类的练习，我们可以在课程中灵活采用，有的设计起来很容易，有的则需要精心构思，考虑其执行的切实程度。只要我们肯深入研究，能灵活运用，就可以将课程中的知识点灵活地变成练习，从而令学员有完成的动力和可能。

收官策略

在课程结尾时，可以设置不同的教学策略，主要有总结回顾、行动转化和感谢祝福环节需要设置教学策略。

总结回顾的策略

课程结束总结，可以是讲授式的总结，也可以发动学员进行总结。当然，即使是发动学员来总结，讲师的总结也是不可缺少的，只是一个程度的不同，体现为时间的长短等。

1. 交叉考核总结

这是借助小组的形式和力量展开的总结，根据课堂上小组的情况，可让小组间两两结对，互相出题，指定总结什么、由谁发言等等。比如三组指定四组总结什么，由四组的某名成员最终完成，这样做，不仅可以完成一种总结，还能激发一定的趣味性和动力。毕竟，经过两三天的学习，各组成员之间已经熟络，大家在一块学习的氛围比较轻松，以这种方式进行总结的好处就体现得很明显——趣味性十足，大家的动力十足。

2.思维导图总结

思维导图是一种常见且流行的工具，可以将内在的思维显性化，从而让人清晰地看到思维的过程，十分形象好记。所以我们在课程的总结过程中，能以思维导图，将课程的整体思路重新再现一次，是一个不错的选择。

在呈现的过程中，如果课程的内容量不是非常大，是可以一次性用思维导图全部呈现。如果课程的内容量很大，难以在一个界面上清晰呈现，并给人过于复杂的印象，则可以将每个单元做一个清晰的思维导图，从而一个个呈现出来，进行逐步的梳理。

在这里，我们仅以本节为例，来说明思维导图的价值（如图8-2所示）。

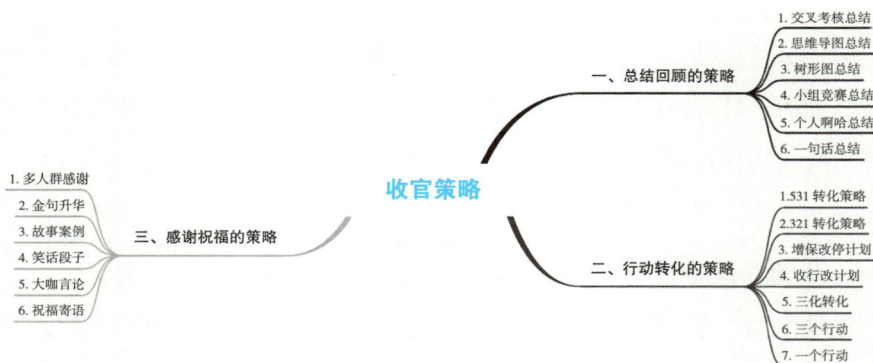

图 8-2　思维导图

3. 树形图总结

跟如图 8-1 所示的思维导图类似，课程的结构也可以通过树形图来体现；同时可以是课程的局部或全部的总结，进而实现对课程的总结，这里不再赘述。

4. 小组竞赛总结

在课程进入总结的环节时，以小组竞赛的方式展开，对所学内容进行一个系统的总结。每个小组可以用自己独特的方式来展开，比如，由一名成员作为代表进行总结，这是一个最基本的方式；或者由两名代表用问答的方式进行总结；或者小组集思广益，以更具创意的方式来总结，都是可行的。关键的是：针对这个总结的方式和质量，讲师可以进行打分，从而实现一种有竞争性的总结对抗赛。

5. 个人"啊哈"总结

这是以一种个人最深感受来取代全面总结的方法，通过学员针对自己最大的个人体会来给课程做总结。通过几名学员（各小组均需有所考虑）谈深刻体会的方式，将印象最深的一点谈出来，体现出个人内心的一种成长，尤其是在个人开窍、启蒙、忽然得到启发的一瞬间形成的那种"啊哈！原来是这样的"，这种感受的出现，给人的印象往往是更深刻的。

6. 一句话总结

可以让每个人都参与其中，每个人说一句话，可以用接龙的方式，请学员站起来说。将每个人的时间控制在 10 秒之内，以得出他们个人最大的收获。

这种方式也体现出一种接龙的游戏色彩，能在结束环节提振、升华课堂的氛围，将课程的效果推向一个高潮。

行动转化的策略

学是为了用，我们在结束时可以号召学员去思考在以后的工作、生活中如何使用所学，常见的策略有以下七种，这里略做介绍，我们可以课程中灵活选用。

1. "531" 转化

就是给学员的课后行动设计成 "5 个收获、3 个有用的地方、1 个可以立马用之处"，从而令学员在一个框架中去完成课后的行动。

2. 321 转化

和上述 "531 转化" 相类似，是设计成 "3 个收获、2 个有用的地方、1 个可以立马用的地方" 的意思，这样做是将上述的框架进行简化的结果，从而可以降低学员的行动成本，提高行动效率，这要视学员在课堂上的一些表现来采用。

3. 增保改停计划

根据课堂所学，要求学员在行动中 "增加什么行为、保持什么行为、改善什么行为、停止什么行为" 的意思，这样去做可以让学员有清晰的行为指导，从而真正落实在自己的行为中。

4. "收行改" 计划

这是对 "收获、行动、改变" 三个要点的一种简化表达，是说在后续的工作中有何收获、怎样行动、如何改变。通过三条的界定，来让学员将课堂所学的知识点真正落地。

5."三化"行动

这是"固化、优化、转化"的简称。具体来说，固化指的是记住的东西，使之真正入心；优化是则调整的意思，从不好到好，从好到更好，不断地完善自我；而转化是用的意思，是将知识点真正转化到实际工作中，将所学用起来。

6. 三个行动

课后采用三个行动的策略，可以是约束工作中的三个行为，可以是三个课程内容的使用，以知识点的要求为指导，以练习的方式实践所学。

7. 一个行动

是对上述三个行动的进一步简化，只要达成一个行动就可以。这也是根据学员学习的情况才能确定的，意思是回去怎么干，给出一个具体的要求，需要一定的思路设计在其中。对一门三个小时的课程来说，只安排一个行动就可以了。

感谢祝福的策略

讲师在课程结束时，可以发起对学员的美好祝愿，起到强化师生关系的作用，常用的有六种策略。

1. 多人群感谢

面面俱到地向涉及培训相关的人群致谢，是一种常见的方式，比如感谢领导、感谢公司、感谢讲师、感谢学员、感谢会务等所有人。

这样做首先简单，同时表达对所有人的致意，是一个聪明的做法，只是该做法相对比较老套，如果你想更有新意一点，不妨采用下面的几个方式。

2. 金句升华

美好的句子总能被人记得更长久，甚至可能终身不忘。所以在感谢祝福的时刻，能说出简练而又充满力量的句子，给人的印象注定是更加深刻的。

金句有两种，一种是借用来的，一种是自己创造的，后者是更加可贵的。如果在课程中一时间难以自主创造金句（经常需要一点灵感来创造）的话，可以参考一些金句的套路、模式，来套用到自己的内容中来，比如：

要想富，换思路。

这其实就是对"要想富，先修路"的一种改造。

当然，其实自主创造一些金句是更好的，可以通过押韵、对比、重复、断言等思路来提炼和完成，比如：

线上萃取：辅导到位，啥都能萃。（押韵金句）

关于价值：行业是过去，顾客是未来。（对比金句）

关于培训：课程要闭环，培训要循环。（重复金句）

关于"牛事"：不经过萃取的"牛事"都是经过！（断言金句）

这些句子都是根据上述要点展开的结果，如果掌握了上述几点思路，再结合自己的课程内容，是可以在收官策略中实现一种提升，从而给人深刻印象的。

3. 案例故事

用激励人心的故事或案例，来升华课程进行总结，是一种非常不错的方式。在这里提醒大家：案例或故事可以简单一点，不要过于复杂，但其中的道理可以深入精彩一点，令学员能在更高的高度上去看问题。以故事和案例作结尾，其在效果上必须是可以真正出彩的、生动的，才能更好地打动学员、感染学员，使之渴望成为案例中的人、故事中的人。

比如，在课程的最后，我们可以这样说："课程的最后，跟大家分享一个小故事……"

学员自然会带着对故事的回味走出课堂，这个有趣的故事常常会留在他们的记忆中，只要这个故事或真实案例是简单而击中主题的，又有一点趣味性的，就会实现这种效果。

4. 笑话段子

以笑话、段子等来作结尾，是今天比较流行的一种方式，可以让学员更轻松地结束课程的学习。

比如在经验萃取与课程开发中，因重视的是经验和流程，所以不少学员会本能地要求自己在未来学习课程的时候，严格地、机械地照搬工作流程，从而令人失去基本的创造力，压制自己的思考力，这样想就是错的。为了避免这种现象的发生，我会在结束前给大家讲一个笑话。

一名护士来到一名患者的床边，见患者已经呼呼大睡，便很生气。按照她的工作流程，这个时间恰恰是患者该吃药的时候，为了完成自己的工作，这名尽职的护士便对患者喊道："起来吃药了！快点。"患者迷迷糊糊醒来，一脸茫然地望着护士，护士说："来，起来！快把安眠药吃了。"

如果我们讲得有趣点，绘声绘色一点，学员会哄堂大笑，了解到严格照搬工作流程的结果，可能是荒谬的，需要有自己的思考在其中。

当然，这种方式需要讲师有一定的幽默天分，如果讲师是严肃型讲师、课程是技术类等，讲师本人不喜欢、不擅长以笑话和段子的方式来完成总结，则请一定选择其他的方式，否则可能会令课程结束得比较蹩脚。

5. 名人名言

以名人名言来结束，来向所有的学员、领导和培训组织者表达祝福，也是一种常见的方式。如果在格言中"折射"出一份富有哲理的祝福，理性而又感性，那么就常常是令人难忘的。

使用这种方式表达祝福，需要我们精选格言，不要使用过于烂熟的、人人皆知的格言，最好选择生僻一点的格言，能给人耳目一新之感。

6. 祝福寄语

一种最直接的祝福方式，比如祝福大家业绩多多、幸福快乐之类，这种方式很传统，并没有多少特色，显得中规中矩，但对课程开发者来说是容易的，也容易在课程结束时很自然地表达祝福、结束课程，所以也是可以采用的一种方式。这种方式在一些内容较大、时间较长的课程结束时使用，能给人一种自然结束的意味，所有人都会因此感到一种轻松的滋味。

　　以上的几种致谢、祝福的方式，各有其优缺点，课程开发者可以根据自己的需要进行设计，从而选择最适合自己的一种。

第九章 | **chapter 9**

课程包：系统教学有保证

PPT 课程是课程开发的主体，围绕课程必须开发学员手册、讲师手册、考试题等关联成果，最终形成课程包，可以在后期进行更有保障的系统教学。

课程说明书

　　课程说明书（简称"说明书"）是课程的简要说明，是对课程内容的全面而基本的介绍。说明书覆盖了课程的基本信息，可以令学员整体了解课程的内容，快速领略课程的全貌，其意义重大。说明书一般有如下四个方面构成：课程定位、课程大纲、教学安排、教学物资。

课程定位

　　课程是如何定位的，有怎样的内在要求，指向什么目标，有怎样的开发背景，有什么期望，需要达到什么样的培训目标等，都属于课程定位的范畴。这是我们在开发课程之前，就要细致思考、努力完善的东西，从而可以指导我们进行课程的全面设计。

　　课程定位可以体现为一个表格，其中包括了上述的几个要点，比如课程对象、背景、挑战、期望和目标等，以及最基本的课程信息，如课程名称、开发人、授课时长、考核方式等。如表 9-1 所示可以作为一种参考。

表 9-1　课程定位表

授课对象		课程时长		最佳人数	
开发人		考核方式			
课程背景					
授课挑战					
公司期望					
培训目标					

通过认真填写上述定位表，我们可以在开课前进行一个系统的设计，令课程有一个准确的定位，同时给予课程一个良好的雏形指向，从而让课程的设计、开发不走偏。

不少人在课程开发之际，不理解说明书的意义和价值，认为根据课程研发的模板走，将课程的有关内容完成就可以了，殊不知这样做是危险的。如果不能清晰地给出课程定位，是很容易在设计、实施的过程中走偏，甚至是失控的。

我们只有沿着说明书、定位表的基本定位展开思路，才能逐步搭建起一个结构清晰、内容饱满的课程来，就像盖房子需要的图纸一样，说明书可以起到一种蓝图的作用。

当然，在"盖房子"的过程中，个人在集中输出内容的时候，可能激发出更精彩的课程设计思路，这时候只要不违背课程的基本定位，是可以对说明书进行一些完善，进而令课程更加充实、更加精彩。

换言之，当"课程定位表"作为一种成果需要充实和体现时，我们可以结合课程进行一番调整，做一些优化的工作。毕竟，随着课程内容的开发，我们对这门课程的理解在加深，是可以更好地解释为什么需要有这样的课程，为什么学员需要上这门课程。

课程大纲

这是说明书更重要的环节，或者说是核心环节。大纲的思考和敲定，意味着整个课程构架的搭建完毕，接下来就是根据大纲进行内容填充和细化。课程大纲是整个课程的骨架，是最关键的一个环节，它决定了课程的整体构成，体现着课程的内在思路。

1. 大纲中的一级目录

这是课程中最大的结构所在，又可以称之为"单元"，比如第一单元、第二单元等，是我们根据课程的主题，经过细致的思考，依据横向思维或纵向思维而展开的，课程深度体现为横向的分类、技巧、问题，或者以纵向的流程、理论等来完成的。

我们以"营销"为基本话题来打造课程，首先需要设定一个定位，比如针对产品的网络营销，以此作为课程的主题，可以根据横向思维和纵向思维展开，去查看可以解决怎样的问题，再根据我们的目标、需求等确定展开的方式。比如，以横向思路展开，可以拆解成如下三种情况（仅供参考）。

第一，网络营销的六大技巧。这是从技巧的角度看问题，可以将每个技巧作为一个一级目录（单元），从而形成课程的基本架构。

第二，网络营销的四大问题。这是从问题的角度看主题，可以将每一个问题作为一个一级目录（单元），从而形成课程的基本架构。

第三，网络营销的五大类型。这是从"种类""分类"的角度看话题，可以形成彼此并列的类型，进行构成课程的基本架构。

另外，如果我们从纵向的思路去看主题，可以沿着理论思路、逻辑思路展开，生成基本的课程大纲如下。

第一，网络营销是什么、网络营销有什么价值、网络营销常见的种类有什么、如何有效地开展网络营销？这个思路是明显的理论呈现方式。

第二，网络营销的七大流程。这是从"流程"的角度看问题，将网络营销的过程以步骤化的方法体现出来，让学员抓住其主要的步骤，从而形成一个实操的能力。

2. 大纲中的二级目录、三级目录

其实，二级和三级目录都是在一级目录的基础上，进行细化"繁殖"而成的，每一个一级目录（单元）都可以再细化，依照的思路依然是横向思维、纵向思维，具体根据课程需要加以选择。这样做，可以让整个课程的架构变得更细、更系统，从而像一棵大树一样"枝繁叶茂"，而不仅仅是一个树根、一些树枝，而是郁郁葱葱。

当然，作为课程成果提交给单位的时候，我们可以结合已经设计完成的课程，再回头对大纲信息进行优化，从而使课程说明书更细致，给人更清晰的印象。

课程安排

这是针对课程内容的讲解，所做的一些时间上的安排，比如一个单元的讲解时长、一项内容的讲解时长等，是从时间的维度去考虑内容如何落地。一般来说可以半小时为单位，进行一个简略的撰写，并体现在课程说明书中。

如果课程说明书已经做了内容的细化处理，也可以将每一项内容的讲解时间做一定的时间规划，可以"分钟"为单位，如关于第一单元第一节的部分，讲解时间 5 分钟等，这是课程设计者对实施课程的一种科学计算，一种经验性的把握，可以让课程（课件）的使用者有更清晰的认识，便于在自己讲解时做到详略得当。

教学物资

教学物资，是在课程中所要使用的一些物品、教具等，常见的有笔记本电脑、白板（笔）、投影仪、师生桌牌、网络等，是我们在实施教学过程中必备的一些用品，包括我们借助的和自制的一些教具，如角色模型、象征物、扑克牌等。比如下面的一个案例中的教学物资（如表 9-2 所示）。

表 9-2　教学物资

| 教学物资 | 开课前 1 天 | □活动用白板（2 个）··□白板笔（黑 3 红 2 蓝 2）□彩色笔（5 支）·
■黑色签字笔（10 支）·□大白纸（20 张）··□A4 纸（1 包）
■学员记录本（10 本）·□便利贴（100 张）·□A3 纸（5 张）·
□简报架（A1 规格·5 个）·□移动 U 盘（6 个）·□小奖品（10 份）· |

讲师手册

讲师手册是给认证内训师使用的，旨在详细说明作为讲师，我们该怎么教学，其中有具体的指导、注意事项等，一般包括如下三个方面：使用说明、备课地图、授课指引。

使用说明

使用说明是对课程最基本信息的一个体现，一般可使用表格来体现，同时有一些说明性文字，可以告诉讲师在使用讲师手册时有怎样的注意事项。

如表9-3所示为一个学员所做的"讲师手册"中的使用说明。

这里，课程开发者对课程的基本信息有清晰的呈现，并对版权使用有一定的文字说明。

备课地图

从"时间"的角度，对课程中的主要单元，以及每个单元的教学方式和教具材料等所做的简要说明，常以表格来体现是最清晰的（如表9-4所示）。

表 9-3　使用说明

课程名称	项目试验管理工作指南（基础设施）	开发版本	1.0
学员对象	项目技术人员、试验员	课程学时	2.5 学时
学员人数	30 人	教学方式	讲授、提问、案例分析
开发团队	王勒	辅导顾问	王兴权、陆九奇
课程来源	内训开发	评估方式	试卷考试
开发时间	2020 年 4 月	保密级别	一般
使用人员	本课程认证讲师	使用范围	备课使用

表 9-4　备课地图

时间	内容	教学方式	教具材料
15 分钟	第一单元	讲授	无
35 分钟	第二单元	讲授、案例分析	案例
35 分钟	第三单元	讲授、案例分析	案例
15 分钟	第四单元	讲授	无

实际上，这样的备课地图可以从宏观角度给讲师界定范围，从而帮助讲师很快明白整个课程的时间安排、内容情况、教学方式等。

授课指引

这是 PPT 课程地图中最细致的地方，需要课程开发者针对课件中的每一页进行具体的备注、细致说明，从而引导和指导他人的教学活动。认证讲师可以通过这些具体的指引，很好地完成备课工作，从而为后续的实操做好准备。

在 PPT 的备注中，常常包括课程讲授的时间、目的、话术、流程和需要的道具资料，是一份事无巨细的备用、查看、学习的“教参”（如图 9-1 所示）。

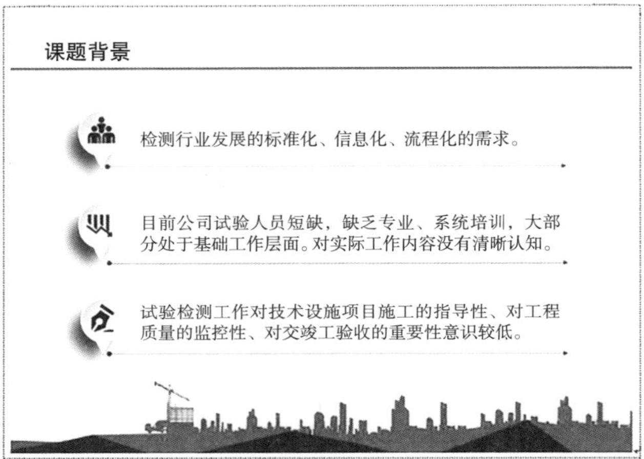

时间	2 分钟
核心内容	1. 基础设施建设行业飞速发展，对于工程质量的要求越来越高。试验检测作业工程质量的检验手段，用于判定工程质量合格与否的重要依据之一；检测行业发展的标准化、信息化、流程化的需求； 2. 目前公司试验人员短缺，缺乏专业、系统培训，大部分处于基础工作层面。对实际工作内容没有清晰认知； 3. 试验检测工作对技术设施项目施工的指导性、对工程质量的监控性、对交竣工验收的重要性意识较低
教学方式	讲授
素材工具	无

图 9-1　PPT 课程地图

在图 9-1 所示中，呈现的是一页 PPT 的备课地图的主要内容，是针对课件中的核心内容、讲解时长、教学方式、教具等的细致说明，能很好地帮助认证讲师学习、参考，开发者也可以在撰写备注的过程中，提高对课程的熟悉度。

学员手册

顾名思义，学员手册的使用对象是学员，是供学员在学习过程中记录、备注、参考的资料性质的文本，体现的是 PPT 课程的核心内容。

同时，我们可以在学员手册中提供一些拓展性资料，这也是对 PPT 课程内容的一种延伸。需要注意的是：我们不要直接把讲授用的 PPT 全部内容变成学员手册，而是需要精选其中的部分内容，并做一定的设计、排版等工作。

这样做既可以有效地保护课件的版权，又可以确保学员的学习资料与课件内容配合使用，而不剥夺学员在课堂上宝贵的注意力资源。

学员手册主要包括如下四个方面：课程约定、课程目标、小组建设和学习内容。

课程约定

课程约定是对整个课堂学习的纪律性要求，可以在学员手册内容页的最前面进行展示，便于学员认识、遵守。写入学员手册的约定，都是事先提出、准备好的，如果需要学员在课堂中，以小组共创的方式来完成，则可以将具体约定内容留白，供大家在课堂中自主地写上去。

上课，咱们这样约定：

欢迎您走进"项目实验管理工作指南（基础设施）"的培训课堂，为了取得更好的培训效果，我们这样约定：

1. 静：内训师讲授，示范时保持安静；

2. 调：手机务必调成静音或震动状态；

3. 稳：课中不要走动闲聊，接打电话；

4. 问：方法示范不懂，一定及时提问；

5. 练：练习中学习、记忆、练习思路；

6. 发：每一步练习成果即刻完成反馈；

7. 改：积极修改完善不足，精益求精；

8. 帮：多为身边同事提供建议和帮助；

9. 休：课间晚间休息好，最佳态投入；

10. 提：真诚反馈建议，便于及时调整。

十分感谢您的配合与支持。

上述是一个事先提出、准备好的约定，是一个典型的案例样式，供大家参考。

课程目标

这是把课程定位中的课程目标复制到学员手册中来，让学员知道课后可以达成什么、完成什么，需结合最新的完整的 PPT 课程进行设置。

当然，学员手册是一本独立性强的册子，部分内容是可以增加和完善的，我们可以结合每一次培训的学员需求，做一点微调、修改，以满足课堂的需要。这里提醒大家的是：不必过于机械化地复制和粘贴，可以稍微灵活地加工和处理。

小组建设

学员手册是给学员在课程中直接阅读、使用的，但在不少培训当中，学员手册沦为一种摆设，无法让学员真正用起来，不仅没法发挥手册的价值，更是一种物料上的浪费。

所以，我们在制作学员手册时，需灵活处理，以切实能用为根本性原则，真正引导学员把手册用起来。要想实现这一点，就要以设计的思路，真正将手册做到极致。

以其中的"小组建设"来说，可以结合每次学员的真实需求，以及学员的数量等，有针对性地设计，从而在课堂上令其发挥价值。

小组建设是一个不可忽略的要点，直接影响到课堂的氛围、纪律，影响学员整个学习的热情、劲头，值得我们花心思。

小组建设包括了破冰、选组长、指定副组长、探究学习文化、纪律、掌声、口号等，其设计的思路要提高到课程讲解的高度，以流程化的方式来设计，从而让学员手册发挥价值。

这里以"破冰"为例，来说明如何体现在学员手册中。

破冰的目的在于学员间的了解和熟悉，对规模较大的企业的学员来说，是有意义的，大家分到一组，彼此的熟悉度不高，可以通过破冰来增加熟悉度，也可以将课程的主题融入其中，从而为实现培训效果有一个基本的保障。

以经验萃取来说，可以令学员间彼此介绍，强调其工作经验，从而使彼此相对熟络起来，了解彼此的工作经验，可以将这些信息体现在学员手册中（如图 9-2 所示）。

```
我们的组名是 _____
我们的成员是 _____
姓名：_____     部门/岗位：_____
姓名：_____     部门/岗位：_____
姓名：_____     部门/岗位：_____
姓名：_____     部门/岗位：_____
姓名：_____     部门/岗位：_____


我们的口号是 _____
```

图 9-2　学员信息

学习内容

这是学员手册的核心部分，主要是精选 PPT 课程中的要点内容，体现在手册中，可方便学员在课堂上使用。内容中需要学员记录、强化的可以留空白，供学员填写有关内容（如图 9-3 所示）。

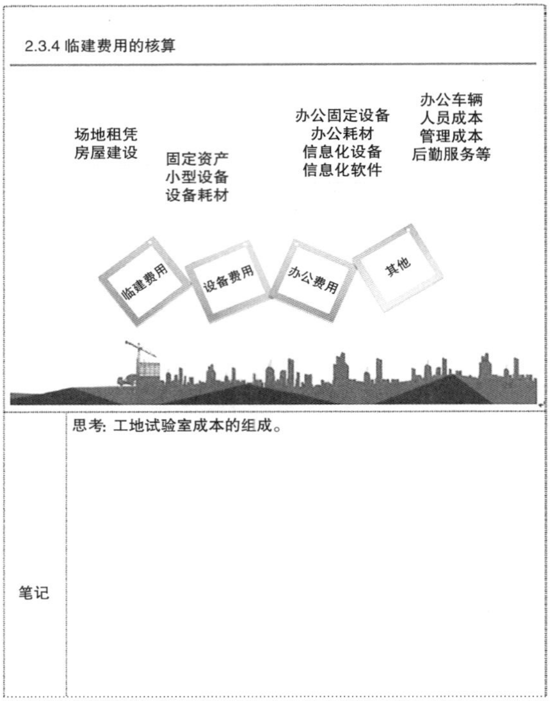
2.3.4 临建费用的核算
场地租凭
房屋建设
固定资产
小型设备
设备耗材
办公固定设备
办公耗材
信息化设备
信息化软件
办公车辆
人员成本
管理成本
后勤服务等
临建费用
设备费用
办公费用
其他
思考：工地试验室成本的组成。
笔记

图 9-3　学习内容

测试考试题

对课程来说，适当和适量的考题，可以检验学员的学习成果，是我们在课程化的过程中必须要考虑的，逢课必考堪称一条做课程的原则。通过配套相应的测试题、考题，以强化知识点；分层次，以检验学员的学习程度，尤其是在通关、定级等课程中，考题的难度更要高一些。

内容测试

这是针对课程的重点、难点，编写不同类型的测试题，比如选择题、连线题、问答题等，让学员在特定环节结束时作答。其测试的时间一般在 10 ~ 30 分钟，难度适中。

在考过之后，讲师需就整体的检测结果，以及普遍的难点等进行一些梳理工作，以便所有学员都能更好地认识课程知识点。如表 9-5 所示，可以将题目放在表格中备用。

表 9–5　内容测试

序号	题型	分值	难度	题干	题支	答案	对应知识点
1	单选题	10	中	当事故发生时，现场人员必须首先向项目经理、生产经理或安全总监报告，任何情况下对外救援或报告，必须由（ ）或者委托人进行	A. 项目经理 B. 生产经理 C. 安全总监 D. 以上都对	A	1.1.1 谁来上报
2	单选题	10	中	当前各地 110、120 均与安监局、建筑安全管理部门联动。因此，在做出向 110、120 救援时一定要慎重考虑，向外救援，也应由（ ）先向上级汇报后再打电话	A. 项目经理 B. 生产经理 C. 安全总监 D. 现场人员	A	1.1.1 谁来上报
3	单选题	10	难	住建部网站的事故，均由省建设厅质安总站（或直辖市建委质量安全处）填报，有一名主办科长具体来填报信息。住建部质量安全司有一名主管事故报告的处长。只有在（ ）提出书面申请后，住建部可以有权修改或撤销	A. 事故单位 B. 省 C. 市 D. 县	B	1.1.3 事故上网
4	单选题	10	难	国务院 493 号令《安全生产事故报告和调查处理条例》第九条：事故发生后，事故现场有关人员应当立即向本单位负责人报告；单位负责人接到报告后，应当于（ ）向事故发生地县级以上人民政府安全生产监督管理部门和负责安全生产监督管理职责的有	A. 立即 B.30 分钟内 C.1 小时内 D.2 小时内	C	1.2.1 报告时限

课程考试

　　课程考试是针对整个课程设计的系统作业题，是在整个课程结束后，进行的一次性考查行为。题目中可以设置客观题、主观题等不同类型。

　　在今天，这种考试一般采用电子化方式，可事先将题目输入到电子表单中，再将考试二维码发到学员群中，要求学员在指定的时间里完成。

　　电子化考试的判卷是可以提前设计好的，学员答题完毕，一旦提交试卷就可以直接给出得分，如涉及一些主观题，则需要教师给出判分，再通知学员。另外，通关评级的考试题一般是纸质试题。

考题的设计主要结合课程知识点，注意区分难易度，以及题目数量问题等，这样就能对考试结果有一个基本的保障。例题等不再赘述，开发者可根据自己的课程情况具体设计。

教学素材库

在我们日常备课或自我学习中，可能接触、留意到一些典型的素材，比如在看影视剧的过程中，看到了非常适合我们课程的视频素材，是可以通过录屏软件完成素材积累，从而放在课程中的。这就是课程的优化和更新，可以说是随时在进行的一件事。

所以，从长远角度看，好课程是需要打造一个素材库的，包括文字、图片和视频等素材。我们可以针对课程分别建三个文件夹，将它们分类保存，方便调用。

文字类素材

新闻、故事、名言、案例、数据等属于典型的文字类素材，当我们在工作和生活中见到的时候，是可以随时收集起来，供课程做素材更新。

比如，最近发生了一件影响力很大的新闻事件，对我们的课程来说是十分贴切的素材，那便可以将新闻的主要内容记录下来，再辅之以一定的图片、视频等，体现在我们的课程中，从而去更新素材。

再比如，某权威网站发表了最新的行业年报，是在我们课程所涉及的一些行业的，我们是可以将其数据尽早收集起来，放在素材库中的，行业数据列的素材更新到最近，从而可以在给该行业学员上课前，将其补充到课件当中。这样做的好处是，可以让我们的课件内容与时俱进、实时更新，从而体现出鲜活的一面。

当然，除了积累素材，文字类的素材也可以包括一些解释性文字，比如灵感的到来，给了我们某些知识点更有新意的表达，我们是可以记录下来，使之成为课件中的一个亮点的。这样做可以提升课件的质量。

图片类素材

在网络上，图片素材每天都在更新。我们不必跟随这种极速更新而随时更新自己的课程内容，但如果在浏览互联网时，发现有一些图片更清晰、效果更好，很符合我们的课程内容，是可以快速下载到我们的电脑资料库中的。

在浏览器中，当你见到某张图很想下载时，只要按住 Alt 键，再点击鼠标左键，就可以直接将图片下载到你的电脑中来，非常快捷、方便。

而在动图的采集上，更常常是可遇而不可求的，当我们在网络上见到一个动图非常有趣，且符合我们课程的主题时，最好立即下载到我的电脑当中，以便在课程中运用。

视频类素材

视频素材在今天异常繁多，真正可以被我们需要的，也常常是可遇不可求的，是我们在休闲时光里看电影、电视剧、视频或短视频的时候，偶然间遇到的，这时我们就可以快速启动录屏软件，将其录制下来，以便放在我们的课件中。

　　常见的免费录屏软件很多，比如超级录屏、格式工厂（含此功能）、QQ录屏（Ctrl+Alt+s，选定区域直接录屏），都非常方便；使用手机也可以录屏，再传输到我们的电脑中。

　　如果当时不方便录屏，我们可以记下视频的相关信息，待有时间时尽快处理，这样可以充实我们的素材库。

　　课程素材的搜集不要急功近利，需要细水长流，平时看到的与课程有关的图片、文字、音视频，随手就要记录，不时填充素材库。当然，也不必过多搜集素材，素材是为内容服务的，经常萃取经验、迭代内容才是王道。

第十章 | **chapter 10**

磨课：不磨不活有迭代

好课程是打磨出来的，是需要经过较长时间的思索、实践等反复打磨的。从不打磨的课程不仅没有长久的生命力，而且甚至难以存活。所以，我们的课程必须定期迭代、完善。在打磨之中，不断完善课程的内容和形式。

打磨方式

以怎样的方式打磨我们的课程？这常常要结合个人和公司的实际，选择一到两种方式进行打磨，且必须定期打磨。定期打磨是成熟且负责的培训师形成的一个职业习惯，就是结合个人和课程情况，根据实际变化等，在一个固定的周期完善和打磨课程。

有些课程的内容受市场变化影响较大，比如市场营销、产品设计方面的课程，就需要缩短打磨周期，将最新的营销方法、产品设计理念等融入其中，从而保持课程内容的先进性；而有些课程，如企业文化价值观类型的课程，一般来说其打磨周期可以稍长，如半年甚至一年的时间，但不管怎么说，形成一个定期打磨课程的习惯，对培训师是非常必要的一件事。

常见的打磨方式有如下的四种：自讲、对讲、试讲、评审。

自讲打磨

这是一种基本的打磨方式，每一个课程的研发者、讲解者都必须经过的一个环节。是指通过自己讲解整个课程，在讲解中发现自己的不足，落实需要完善的地方，从而实现打磨效果。

在这个过程中，我们要注意两种情况，一种是针对新课件，另一种是针对老课件。

1. 针对新课件

新课件存在的问题一般比较多，能改善的空间很大，我们可以在自讲打磨的过程中，花费更多的时间和精力，将其中有改善空间的地方逐一完善，如果其中有令自己不满意，但一时间尚没有明确改善意见的，可进行标注，在后续的反复思考，甚至是实践中进行完善。

2. 针对老课件

老课件已经讲过多次，因此讲解者非常熟悉其中的内容。有时因熟悉度过高，讲解者较难发现其中的问题。这时，我们可以有意识地针对内容进行升级、针对素材进行打磨，以及时更新、改进为目标，将一些最新的材料融入其中。另外，可以在每次课程后进行一些复盘工作，针对学员的疑惑、疑问等进行深入思考，从而找到改善点，以进行完善。

对讲打磨

对讲打磨是指对着一两个学员去讲解，在讲解前告知学员，除了听讲之外，留意课程中的不足部分，给出建设性的意见和建议给课程主讲人。在讲解过程中，可以要求学员随时记录，便于在课程结束时及时反馈。

对讲打磨是一种不错的方式，主要针对一些新课件，属于"试点"性质，可以快速发现课程中的问题。此外，课程研发者、主讲人需本着谦虚、谨慎的态度来讲解，并认真听取学员的意见。

必须要注意的是：即使学员提出的意见不专业、不适合，也要从学员的视角去思考如何改进才能让学员听得更明白、学习的效率更高，切忌顽固坚持自我的观点，不肯听取学员的意见。毕竟学员是课程的接受者，如果学员在接受课程时有难度、有问题，而不采取改进意见，对课程来说是很危险的。

改进后的内容，可以再次讲给学员听，直到学员更容易理解、更容易吸收知识点为止。

试讲打磨

试讲是真正的实战，试讲打磨就是在实战中去完善课程，也就是真正做一次培训，但参与的学员不要很多，这样可以给讲师、研发者更大的回旋空间，避免重大教学事故的发生。

不过，在这个过程中，讲师必须真实演练，不能以尝试的心态、试试看的心理来讲课，一切都是真实的——知识点的讲解是真实的，学员互动是真实的，作业评点是真实的。在这种高度真实的过程中，讲师可以得到最大限度地历练，可以在复盘时发现更真实的问题。

真实、实战的经历，对新课程来说是异常珍贵的经验，常常是一两次足矣，如果自己的课程在历经一两次实战后还不走向成熟，只能说有再一再二没有再三再四。

事实上，对一个认真负责的讲师来说，一次实战的机会足以令其发现课程中的大量问题，足以令其快速复盘、及时完善，绝不会给自己第二次试讲打磨的机会。所以我们要充分利用"试讲"过后的窗口期，快速对课程进行一番打磨，提升其质量。

评审打磨

这也是一种常见的方式，尤其是在经验萃取课程化的过程中，组织培训的机构需要展示成果，并组织公司内的专家尽心评审。

课程研发者必须高度珍惜这样的机会，给自己充分的时间去备课，并力争在讲台上有上佳表现。因为专家给出的意见常常不会面面俱到，只能就课程中最突出的问题加以点评。所以，如果我们在表现的时候不重视，犯下一些低级错误，可能导致专家不去言说更大的问题，只就基本的常识给出建议，这样的结果对我们改进课程当然是不利的。

我们要充分利用评审，在备课中加深对课程的理解，让自己在讲解时发挥到最好的程度。

我们要对评审专家课程提出的任何意见思之再三，并在第一时间去优化课程，从而最大程度提升课程的质量。比如，在"经验萃取和课程开发"的实战培训中，第四阶段就是评审打磨。公司内的专家会给出一些切实的指导意见、改善建议等，必须重视这个环节。

在这样的环节中，我们要把握如下三点：

第一，记录评审建议。细致地消化评审专家提的意见，再进入下一环节。

第二，确定优化时间。从组织者角度来说，也要催设计课程的学员加速修改，在固定的时间完成这项工作；而对我们研发者自己来说，第一时间去修改是最好的，不要找任何理由一拖再拖。

第三，提交最终成果。在规定的时间里，我们提交给企业的最终成果，是一个经过充分打磨的完善的版本，从而给自己的课程开发工作画上一个完美的句号。

打磨内容

内容打磨是核心，是我们针对课程中的经验类型做深入地完善。课程的打磨不是单纯地素材补充、更新，更多的是围绕课程中的一些要点进行质的提升。具体来说要做到以下八点。

开发搁置点

在研发课程的过程中，暂时有些地方陷入搁置是一种常态。毕竟，课程是沿着定位所设计的逻辑展开的，我们在细化主题、补充素材的过程中，可能遇到一些暂时难以处理的问题，这样的问题不能一删了之，而需要暂时搁置起来，待后续的打磨和完善。

比如在开发"职场公文写作课"的过程中，我们针对法定公文的各种问题，设计了一个单元，但在具体操作过程中，考虑到很有必要和前面单元做些联系，从而体现出更好的衔接。这时，如果单纯按照"问题"进行分类，则很难解决上述考虑，便暂时搁置。而在后续的打磨环节，我们决定从法定公文的种类和易错问题两个角度来考虑，进而对该单元做了细致梳理，一举解决了上述问题。

补充遗漏点

对遗漏知识点、内容要点的补充，是打磨过程中最常见的一种类型。这种补充有两种情况，一是较大的遗漏点，二是细节性补充。

较大的遗漏点是指在经过仔细思考之后，我们发现课程在单元设计的环节便忽略了一个要点，某条流程或分类很必要，需要融入我们的课程中，缺少它便缺少了一个独立的环节，不利于课程主题的真正落地。这时，我们必须及时补充遗漏点，从而令课程臻于至善。

比如在一次培训课程中，一名学员开发了一套排除问题故障的流程，每条流程的步骤也经过了细化，然而在检查的过程中，在老师的提醒下他忽然发现遗漏了一个重要的步骤，就是"协作"，在发现和解决问题之后，必须将该问题的解决过程告知其他几个高度关联的部门，从而以"协作"的方式，要求他们进行某些零件上、设计上的改善，才能让整个问题得到彻底解决，否则只是局部解决了本部门的问题，不能在产品的角度彻底解决问题。学员加上"协作"后，弥补了一大遗漏，确保了该课程的真正系统、完善。

细节性补充是针对课程中某个知识点的局部做细节补充，可以让课程臻于至善，这样的工作是必须要做的，可以逐步堵住各种可能的遗漏。

聚焦重点

课程中的重点内容，永远是完善的主要对象，需要我们进行持续优化、升级，以保持课程长久的生命力。

所谓重点内容，自然是课程的核心，是体现课程关键价值的要点，是开发者重点向学员传递、教授的知识。这部分内容的打磨可以多个角度考虑，比如以下四点。

1. 知识点的增减问题

有些知识点可能随着时间改变而落后，可以减少；而有的知识点可以增加、补充，从而让内容更有"力量"。

2. 重要材料的补充

针对知识点的诠释，可以补充更鲜活的文字、图片和视频素材，让课程始终有最新材料的支撑。

3. 知识点表达的准确性、课程的逻辑性

在多次实战过程中，我们对重点内容的准确性、课程的逻辑性等有了更深入的了解，此时可以去打磨、完善。

4. 重点内容的呈现方式

单纯的文字呈现是最基本的，但效果常常一般，如果能以矩阵、表格、流程图等来呈现，对学员的帮助常常更大。

除上述角度之外，还有更多种角度可以打磨，选择哪种角度需要我们在实际打磨中反复思考，不断提升课程的质量。

突破难点

课程中常有难点存在，在我们开发之际有些难点一时间未能攻克，却又是课程不可缺少的一部分。因此在打磨阶段，我们就需要投入更多的时间和

精力，进行难点攻关。

只有解决了难点问题，才能真正解决学员工作中的沉疴痼疾，真正解决学员的痛点问题。

确定纠结点

追求完美是不少研发者具有的一种精神倾向，所以在开发过程中，时而有纠结的情况出现。为了保障开发的进度，我们经常是暂时搁置这种纠结，不去耗费更多的时间。

但在打磨课程阶段，我们可以将曾经纠结的内容进行细致研究、打磨，确定是放弃其内容、替换其内容，还是充分解决这些内容。这些内容不解决，开发者的心总是不能痛快起来。

1. 选择放弃而不再"纠结"

简单地放弃某种纠结，当然是一种下策。但如果其内容的存在可有可无，价值不大，还是可以果断放弃的。是否放弃要探究其知识点的意义大小，对学员成长的帮助大小。

2. 转换方式而不再纠结

有些内容可能涉及一些要点，但开发者尚未彻底思考通透，这种问题如果放在课程中，可以选择转换呈现方式。比如让该话题成为一个小组讨论的问题，让学员集思广益，在抛出话题前告诉大家没有固定答案，只用来讨论和启发。在这样的形式中，师生都能有所受益，开发者可以就讨论的情况再进一步定夺下次课是否需要保留这样的问题等。

3.向人请教而不再纠结

人都有自己的认识误区，有些纠结在别人眼中根本不是问题。就自己所纠结的问题，向一名高手请教一番，可能就能迎刃而解，这是解决问题的上策。

增加补充点

课程中有些内容明显不足，显得单薄，就需要进行一些补充。这也可以分成两种情况来看。

第一是其内容自身确实不足，有一些需要补充的内容、环节、细节等，这是必须要进行补充的，否则其本身的存在难以立住脚，容易被学员挑出毛病，指出问题。

第二是跟其他单元、要点等进行比较，从课程设计技巧看，各项内容的丰富程度应大体相当，但有部分内容明显单薄，似有补充的必要。这种情况可以考虑有所增加，从而让课程的整体内容协调一致。

比如"职场公文写作课"在第二单元中，讲述了六点关于通知的要点问题，而在第三单元中讲述"命令"时，只有一个要点，则明显不妥。可以继续探究"命令"的一些其他要点，进行一番增补，从而保障课程各项内容大体相当。

删减重复点

我们在课程中发现了一些重复性的内容，这是很有必要删除的。不管是知识点的重复，还是各种素材的重复，都不应出现在一门课程中。这里不再赘述。

完善建议点

在评审专家给出的意见和建议中，我们必须综合思考，进行适当地补充、改进；而在学员学习过程中，如果有优秀学员给出了一些建议，只要是合理的，就应该考虑补充。我们也应在事实课程的间隙，适当询问学员的感受，主动寻求一些意见，从而去完善我们的课程。

尤其在经验萃取类的课程中，每个人都有自己丰富的经验，有着独特的视角，可以从对方的角度出发，给出一些专业的意见和建议，开发者可以暂时记录下来，便于及时"修订"我们的课程。

打磨形式

　　形式服务于内容，这是永远不变的一条原则。但更好的形式，不仅可以让课程变得更舒适、更清新，还能在体现内容的过程中，给优质的内容以优质的包装。这种打磨是必要的，所以在 PPT 的形式打磨上，我们也要充分重视，让自己的课程形式和内容俱佳。

形式美化原则

　　PPT 形式美的四个原则是：统一化、特色化、精简化、图表化，每一条原则都可以解决大问题，令形式更美。

1.统一化

　　风格统一的 PPT，才能给人最舒适的美感，否则容易造成凌乱的感觉，给人不那么专业的印象。

　　PPT 风格的统一涉及设计时的各项内容，比如背景、色彩、色块、文字字号、边距、形状等方面的统一，才能让课件给人统一化的印象。

　　首先要解决背景统一的问题，可以用两种简单的方法来实现。

　　一是右键点击 PPT 画面的空白处，选择"设置背景格式"，将选好的背景格式"应用到全部"，就可以实现。这是 PPT 自带的一种方式。

二是可以使用美化大师等第三方软件，在"更换背景"中选择自己喜欢且适合课件主题的背景，就可以直接替换。

其次是画面风格的统一。这完全可以借助上述的"美化大师"中的"更换背景""魔法换装"等实现，简单又快。当然也可以用 PPT 自带的"设计"功能，将"主题"进行直接的变换，从而实现风格的改变和统一。

在选择风格的时候，我们要特别注意的是结合课程的主题。以党政建设的课程来说，常见的是以红色为主色，辅之以白色。这是因为红色象征着喜庆、象征革命、象征活跃的精神，体现出党政风的一种自然属性。

而技术类的课程，可以采用黑色、蓝色等为主色；营销、产品等课程的商务气息浓厚，可以在蓝色、白色、黑色等色彩中选择。

更多的统一化设计，会在下面的"模板设计""母版设计""颜色""字体、字号"等中具体讲述。

2. 特色化

特色化的本质在于打破中庸，突出自己，走一条和别人不一样的道路。这首先是一种意识和设计理念，其次则是体现在具体的排版上。

所以，在设计的理念上，特色化要体现出自我的设计风格，比如极简主义风格，开发者将内容中的要点先做短语化的处理，使体现在页面中的文字量很少（或虽然文字较多，却字号较小，给人精致的感觉），将页面设计成极简的杂志风，将图片和文字以杂志排版的方式进行表现，给人赏心悦目的极简风格（如图 10-1 所示）。

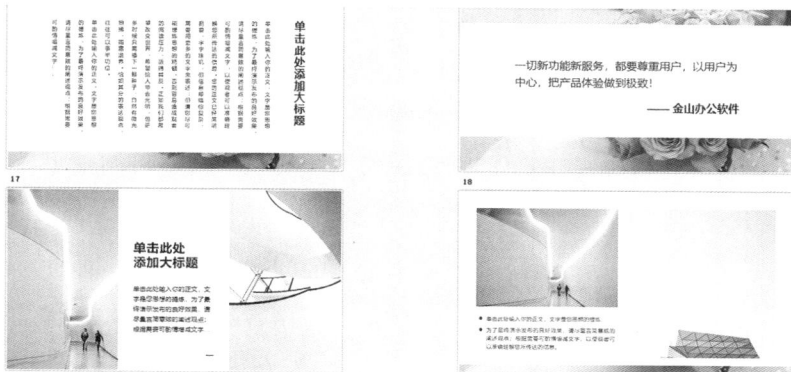

图 10-1　极简风格

如图 10-1 所示的课件中，大部分页面的文字量较少，且字号较小。虽然第一页中的文字最多，但是因处理成较小的字号，且有留白，还是给人精致的感觉。

特色化除了极简主义风格，自然可以有其他的多种选择，如商务风、文化风、环保风、小清新、文艺风等。这些风格是"套路化"的，是大家的，要想突出自己的特点，就要结合自己的内容来选择和改造，以优质的内容去突出课程的特点。

3. 精简化

这其实也算是风格的一种，在今天显得尤为重要，所以予以强调。在传统的课件制作中，不少人的课程是堆文字、堆图片，其文字量、图片量等"贪多求全"，给讲授者"照本宣科"创造了条件。这样做在今天是不受欢迎的，我们必须朝着精简化的方向发展，因为这代表着时代审美的变化。在今天的受众眼中，简洁才是更美的。

要想实现页面有更高的简洁度，首先需精简文字量，在大部分的页面中都可以用短语来呈现，并体现出多条短语的逻辑关系；如果在某一页中，其文字量必须大，没有精简的空间，也需要做一定删减之后再调整字号，给整个页面空出一定空间（留白），才不至于给人窒息的感觉。

其次，也可以用分页解决一些文字量大的问题。分页是一种直接的页面延续，在 PPT 中，可以用 Ctrl+d 的快捷键，直接复制当前页，然后再将内容进行一分为二的处理，从而令其页面更简洁。如果在 WPS 当中，一方面可以复制–粘贴页面，另一方面也可以用 Ctrl+n 打开一个空白页，复制相关的标题和文字，从而分解一个页面的压力。

4. 图表化

对 PPT 的设计来说，人们常说"文不如图、图不如表"是有一定道理的（当然需要文字、图片、图表的结合），这就要求我们在可以设计图表的页面，精心设计精美的图表，给人一目了然的感觉（如图 10-2 所示）。

如图 10-2 的 PPT 页面中，如果单纯用文字来表达各项内容，一定是十分烦琐的，设计成一个表格，就可以有效地解决问题，让内容变简单、变清晰。

模板设置

课程开发者，重视的是内容，擅长的也是内容。在 PPT 设计方面一般是一个弱项，对大部分人来说没必要花大量的时间去专门学习，毕竟这也属于设计中的一个专项内容，甚至可以算是一个专业。所以，我们要借助一些经过设计师开发的模板，来直接完成我们的 PPT，这样做可以让课程开发又快又好。

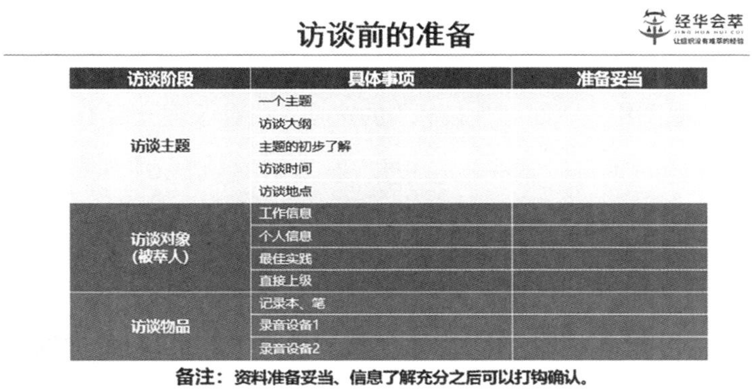
访谈前的准备

访谈阶段	具体事项	准备妥当
访谈主题	一个主题	
	访谈大纲	
	主题的初步了解	
	访谈时间	
	访谈地点	
访谈对象（被萃人）	工作信息	
	个人信息	
	最佳实践	
	直接上级	
访谈物品	记录本、笔	
	录音设备1	
	录音设备2	

备注：资料准备妥当、信息了解充分之后可以打钩确认。

图 10-2　PPT 图表

模板的来源可以有两种思路。

一是借助 PPT 本身的模板，比如“设计 - 主题”中集中了一些模板，可供我们选择；WPS 中的“设计”中同样存在。这样的模板是其自带的系统风格，虽然数量有限，但也有一定的选择空间。

二是借助第三方软件，比如“美化大师”，它可以嵌入到我们的课件中，借助其提供的模板功能，就可以为 PPT 课件整体换装，从而让课程显得更加专业。

在模板的选择上，要注意课程主题的内在特质，如上面已经讲过的党政主题选择红色居多，科技主题选择蓝色、黑色居多，营销和产品的课程选择更加多样化。这种风格与主题的契合，考验的恰恰是我们的审美能力。

母版设置

在 PPT 的视图中有"幻灯片模板"的选项，它对课程开发有很重要的价值，一些共性的设计问题可以首先在这里解决，以便达成整个风格的统一，避免我们在页面中逐一操作。

比如，公司 Logo 的粘贴，自然需要固定在一个统一的位置上，如页面的左上角或右上角等，我们可以在母版中统一放置，它便会出现在每一页的 PPT 中，从而省去了每页粘贴的麻烦。如图 10-3 所示中左右两侧的 Logo 都是在模板中处理成的，这样你增加的任何一个页面，都会同一位置出现这样的 Logo。Logo 下的灰色线条也是如此。

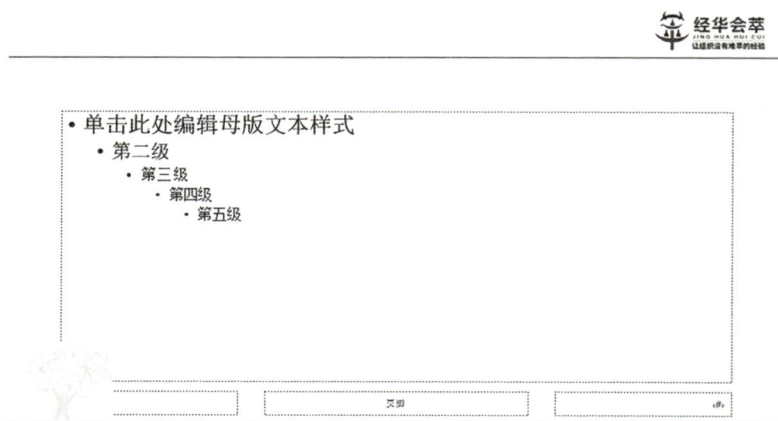

图 10-3　幻灯片模板

母版中所集中的，其实是设计者设计的多种排版风格（如图 10-4 所示）。

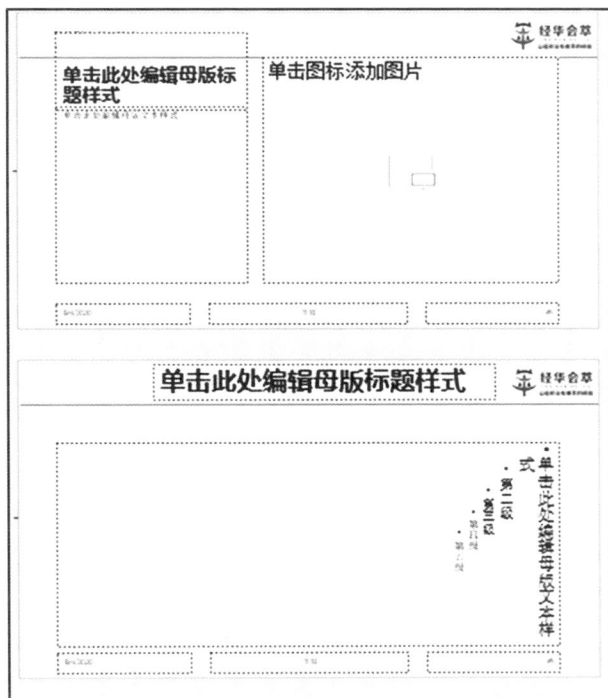

图 10-4　母版样式

这样的设计，是设计者精心设计的，便于开发者直接使用。我们可以充分利用，包括一些标题、字号等，也可以在母版中首先设计、固定好，这样就给后续的工作减少了很多的麻烦。

更改母版之后，保存关闭就可以，接着就能查看到我们想要的效果。在实际操作中，可以反复多次更改母版中的设计，确保效果是我们真正需要的。

颜色设置

页面中有多少颜色为好？这是一个需要注意的问题，从经验看来，一般不要超过三种颜色为好，这样给人的画面比较清晰，过多的色彩容易让人眼花缭乱。

这里强调一点：颜色的设置既包括了图表中的色彩，也包括文字的颜色。

有些开发者喜欢把文字信息做不同色彩的处理，标题和正文的文字出现了各种颜色，这是不妥的，不仅看起来增加了眼睛的负担，其审美也并不理想。

字体设置

字体问题主要体现在两个方面，一是字体的数量问题，二是字体的版权问题。在一门课程当中，除封面外，页面中的文字字体，一般以两种为宜，主要是标题字体和正文字体两种。

其中，标题字体可以使用黑体、小标宋等，正文字体可以使用宋体字、微软雅黑等。特别注意的是：一些艺术体、手写体等，如果不是和图片搭配起来，起到一种文艺风格的创作效果，最好尽量不使用。而封面中，其字体不宜超过三种，可以将大标题、副标题、文本信息等分别处理，也不要用过多的字体为好。

另外，字体的版权问题是需要我们高度重视的。课程的版权属于研发者和公司共同所有（除非公司另有约定），所以本着不引起商业纠纷的原则，尽量使用安全字体，常见的黑体、宋体等是可以满足需求的，如果不能解决版权问题，尽量不要使用有版权的字体，尤其是一些商业环节中，版权字体的使用容易引起不必要的麻烦。

此外，字体大小问题，这在上面的统一化中已经有所涉及，主要是标题字体、正文字体的大小统一问题，以及结合特色风格进行的考虑等，这需要我们研发者高度重视。

字号设置

页面中的字体多大才合适呢？

一般来说，其标题性字体在 32 ~ 24 磅是可行的，正文字体在 24 磅左右，是学员可以看清的、效果较好的。

那么是否需要课程中所有的文字，凡是同一类型的都统一成一样大小呢？这要看具体情况。如果课件的文字量不大，每一页比较均匀，是可以考虑这样做，能保证课程在字号设置上整齐划一，但如果课程内容较多，文字量在不同页面差异较大，有的很多，有的较少，加上图标、图片等存在，就让字号问题变得复杂起来。

面对上述情况，我们可以把握一条原则：局部统一。

所谓局部统一是说，至少在一个页面当中，同一类型的文字字号必须统一。如果能在一个单元、一个章节中做到整齐划一是更好的，但至少保证一个页面能真正做到，就容易给人专业的印象，以及更好的审美体验。

间距设置

文字间距也是一个需要处理的问题，不过比较简单。既然我们要求课件中的文字量要简洁，那么就给更舒适的间距。所以，我们可以在文本中设定 1.5 倍的统一行距，这样的行距让用户看着很舒适。

至于字间距是一个相对次要的问题，一般不必改动就可以。如果非要改动字间距，以实现某种特殊的效果，是可以在选中文字后，对其字间距做出放大或紧缩的调整。

动画设置

动画，是 PPT 中特有的一种效果，可以让课件中的内容变得更流畅、更有趣。关于设置动画，有以下三点要注意。

1. 不能耽于动画设计，而忽略内容本身

动画的效果虽然好，但可以在局部，在很需要的地方进行设计，不必追求全局的、全部的动画效果。这可能消耗开发者大量宝贵的时间，从而对内容质量有所削弱。尤其是针对需定期打磨、修改的课件，每次更改都需要对特定的动画进行处理，是比较麻烦的。

所以，对动画的设计要保持一种克制，只需要在必要的地方进行细致加工，毕竟用户需要的是课件的内容和讲师的讲解，动画是一个锦上添花的效果而已。

2. 动画可以对课件中的任何元素展开

对一个页面中的各个要素进行动画处理，可以让一个页面内容中的要素陆续或同时出现，通过设计其先后顺序，以及控制其出现的时间，可以确保内容讲解和形式出现更加贴切，让课堂的效果更好。

这时的动画设计，需要我们结合讲解的程序，进行细致的设计。

具体方法是，首先选定要做动画的要素，如"图片或文字"，然后在功能栏选择"动画"，在选择其中的某一动画效果；完成一个之后，再进行其他要素的动画设计，PPT 会自动记录其动画的先后顺序。此外，我们可以动画窗格中进行系列更改，这里不再赘述。

如图 10-5 所示中是两组动画的设计，以及在动画窗格中的信息。动画窗格中详细记录着动画信息，可以进行更细致地修改，包括出现时间、顺序等，再复杂的动画设计，都会有细致的记录。

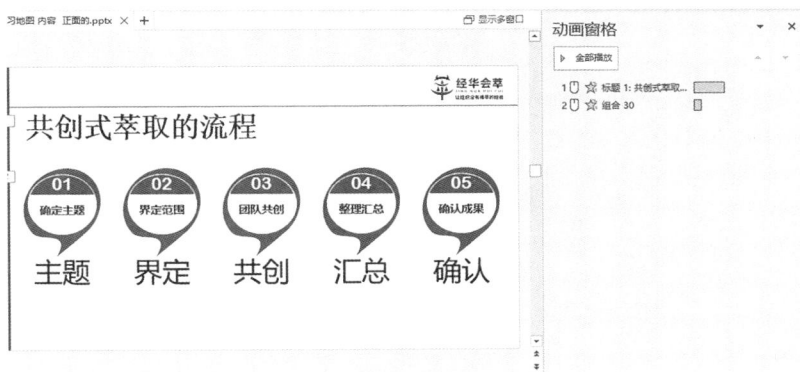

图 10-5　动画窗格

3. 关于页面切换的"动画"

PPT 课件的页面之间，也是可以进行动画切换的，从而让页面切换不再是单一、单调的，让页面变得更有趣，让课堂的效果更好。

不过，和上面对每一个页面中的元素进行动画设计不同，页面切换显得简单很多。我们可以在 PPT 功能栏，对每个页面的切换进行逐一设置，选取其中的"平滑""推入""分割"等各种效果，是不是很简单？

但是，我们要注意：在一门课程中，尽量不要用过于花哨的页面切换效果，那样在课堂上也容易给学员造成凌乱不堪的感觉，一般按照单元，即每单元使用一种切换效果，从而达到一种平衡。

总之，对 PPT 的形式美化，其实也可算一门专项的技术，需要一个学习的过程。不过对我们课程内容的开发者来说，能熟练使用其中的关键功能，便足以应对常见的状况。在我们学有余力、有时间的情况下，可以自主学习一些形式优化的具体措施，并充分留意 PPT 这项工具自身的发展，注意其更新后的一些新功能等，从而让自己的课程形式有一个有力的保障。

后 记

课程开发的实践，我早已做过多年。这对以内容输出为生的人来说，有如家常便饭。但将课程开发本身作为经验而萃取出来，化课为书，对我倒是第一次。其来龙去脉，可以用天时、地利、人和来形容。

天时：两个月创作时间

2020年6月份，北京新发地出现了"新冠"疫情病例，发展较快。为了不影响工作，王老师和我先后离开北京的家，来到浙江余姚暂时落脚。期间，我跟王老师一道为福建、湖南多家企业做了萃取技术的培训。我们不敢轻易回京，担心不便再出来，就这样做了一点长期打算。没想到在这里一待便是将近两个月之久，倒是给了我们写点东西的时间。

于是，经过几次深入的讨论，本书的框架得以搭建，细节得以梳理，案例得以精选，更主要的是，全书的主要内容在将近两个月近乎"修炼"中得以完成。待我们八月底回到北京的时候，疫情已得到完全的控制；而我们回程的行李中，多了一份沉甸甸的成果。

地利：余姚文化熏陶

余姚是一个人杰地灵的好地方。著名思想家王阳明的故居，就在我们临时租住的房屋的不远处。虽说夏季的余姚天气湿热，我却怀着对古代先贤的敬仰之情，几次前往观瞻，赖以扫除心中的烦闷，得到了几许清凉。毗邻王阳明故居的，是余姚的一座大书城，来看书买书的人很多。我也多次前往，购书、查阅一些资料，以充实自己的写作。其实，更因这份便利，而分解了不少写书时的苦闷，得以打通作品的起点和终点。

人和：多年好友合作

我和王老师是大学校友，彼此认识多年，在工作、生活和学习中彼此照拂，在远离家乡的偌大北京城里，这份宝贵的情谊始终如一，历久弥坚。探究和发展萃取技术是王老师一生的志向和事业，我也时常被他的专注而打动，更因之而将多年的积累加以梳理，参与到这本书的写作中来。

"化课成书"是王老师一再强调的事情，能将一份工作经验沉淀下来，让更多的人从中受益，是我们共同的心愿。

而在企业知识体系搭建的过程中，运用萃取技术进行课程开发的技能，可算是培养优秀人才的一条捷径。其思路并不复杂，是将企业中优秀人才的充沛经验，以课程开发的方式进行打磨、演练，从而在企业内部广泛传承、迭代，以促进大家高效工作，大幅降低学习成本，从而成就更好的企业竞争力。

回想这本书的写作过程，令人不胜感慨。稿件完成后，王老师和我又经多次修改，力争完善，以便给读者最大的启发。

陆九奇

2021 年 1 月 17 日于北京

读书笔记

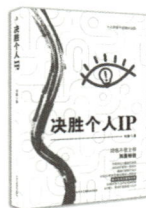

—智读汇一起读书俱乐部读书笔记征稿启事—

亲爱的书友：

感谢您对智读汇及智读汇·名师书苑签约作者的支持和鼓励，很高兴与您在书海中相遇。我们倡导学以致用、知行合一，特别打造一起读书，推出互联网时代学习与成长群。通过从读书到微课分享到线下课程与入企辅导等全方位、立体化的尊贵服务，助您突破阅读、卓越成长！

书 好书是俊杰之士的心血，智读汇为您精选上品好书。

课 首创图书售后服务，关注公众号、加入读者社群即可收听/收看作者精彩微课还有线上读书活动，聆听作者与书友互动分享。

社群 圣贤曰："物以类聚，人以群分。"这是购买、阅读好书的书友专享社群，以书会友，无限可能。

在此，我们诚挚地向您发出邀请： 请您将本书的读书笔记发给我们。

同时，如果您还有珍藏的好书，并为之记录读书心得与感悟；如果你在阅读的旅程中也有一份感动与收获；如果你也和我们一样，与书为友、与书为伴……欢迎您和我们一起，为更多书友呈现精彩的读书笔记。

笔记要求： 经管、社科或人文类图书原创读书笔记，字数 2000 字以上。

一起读书进社群、读书笔记投稿微信： 15921181308

读书笔记被"智读汇"公众号选用即回馈精美图书 1 本（包邮）。

—————— 智读汇系列精品图书诚征优质书稿 ——————

智读汇云学习生态出版中心是以"内容 +"为核心理念的教育图书出版和传播平台，与出版社及社会各界强强联手，整合一流的内容资源，多年来在业内享有良好的信誉和口碑。本出版中心是《培训》杂志理事单位，及众多培训机构、讲师平台、商会和行业协会图书出版支持单位。

向致力于为中国企业发展奉献智慧，提供培训与咨询的**培训师、咨询师，优秀的创业型企业、企业家和社会各界名流**诚征优质书稿和全媒体出版计划，同时承接讲师课程价值塑造及企业品牌形象的**视频微课、音像光盘、微电影、电视讲座、创业史纪录片、动画宣传**等。

出版咨询：13816981508，15921181308（兼微信）

— 智读汇书苑 102 —
关注回复 102 **试读本** 抢先看

● 更多精彩好课内容请登录 智读汇网：www.zduhui.com